ヘーゲル哲学の読み方

発展の立場から、自然と人間と労働を考える

中井浩一 著
Nakai Koiti

社会評論社

ヘーゲル哲学の読み方　発展の立場から、自然と人間と労働を考える　＊目次＊

読者に …… 11

第Ｉ部　発展の立場 …… 17

第1章　ヘーゲルの時代とその課題 …… 19

第2章　発展とは何か …… 24

(1)一般の発展観
(2)発展とは本質に帰るような変化のこと
(3)発展の基準―外化と内化、前進と背進、往路と復路
(4)本質認識の難問
(5)始まりと終わりからなる一つの円環

第II部　ヘーゲル論理学の本質論と存在論 …… 39

第1章　ヘーゲル論理学における本質論 …… 40

(1)論理学の中で一番難しい本質論

(2) ヘーゲルの「弁証法」――「悟性」と「理性」の関係
(3) 本質論における反省論
(4) 根拠の立場の不十分さ
(5) 同一と区別の反省規定
(6) 根拠とは何か
(7) 根拠を深めるには、区別を深めればよい
(8) 矛盾の立場と思考の諸段階
(9) 根拠の立場
(10) 全世界は自己同一であり、自己区別の世界である
(11) 本質論から存在論へ

第2章　存在論における「変化」――存在とは何か、変化とは何か …… 68
(1) 潜在的（an sich）なあり方と止揚
(2) ヘーゲルの始元論
(3) 規定とその限界、制限、当為
(4) 定存在と独立存在
(5) ドングリと樫の木
(6) 発展の三段階からなる構造
(7) ヘーゲルの観念論

第3章　本質論の現実性論 …… 87
(1) 存在論から本質論へ、独立存在から総体性へ

(2) 全体と部分、総体と契機
(3) 本質論の現象論と現実性論
(4) 現実性論
(a) 可能性の実現
(b) 実体への反省
(c) 必然性とは何か
(d) ヘーゲルの自由
(e) 実体と必然性から、概念と自由へ

第4章　ヘーゲルの三つの真理観――本質と概念の違い……104
(1) 真理観の転換――ヘーゲルの三つの真理観
(2) 本質の限界
(3) 本質の奥の概念
(4) 二種類の限界――本質内の限界と本質を超える限界
(5) 真理とは存在がその概念に一致することである
(6) 発展における順番、真理性の序列は何を意味するのだろうか
(a) 自然の真理としての人間
(b) 発展における順位の意味――「自然の真理は人間である」とは何を意味するのか
(7) 絶対的真理

第Ⅲ部　物質から生物、生物から人間が生まれるまで …… 125

第1章　物質から生物への進化 …… 126

(1) 物質から生命・生物が生まれるまで―物質レベルでの相互外在性の克服
(2) 生物レベルでの相互外在性の克服

第2章　生物から人間が生まれるまで …… 130

(1) 生物とは何か―内的二分と外的二分
(2) 生物の戦略―自己を変えることで自然への対応力を高める
(3) 生物の食物連鎖
(4) 生物個体の発生過程
(5) 栄養確保の内胚葉
(6) 生殖の中胚葉
(7) 神経系とその中枢を生んだ外胚葉
(8) 動物と人間―感覚と欲求・衝動

第Ⅳ部　ヘーゲル論理学と概念論 …… 145

第1章　ヘーゲル論理学と労働論（目的論） …… 146

(1) 人間と労働
(2) 主体性と自由

(3) 概念論の展開
(4) ヘーゲルの論理学全体の展開
(5) 『精神現象学』と『論理学』

第2章 「普遍性・特殊性・個別性」と「概念・判断・推理」 …… 156
(1) 普遍性、特殊性、個別性
(2) 概念、判断、推理
(3) 存在の運動と認識の運動と

第V部 人間とは何か …… 165

第1章 人間と労働 …… 166
(1) 人間と動物の違い
(a) サルから生まれた人間が、本当に人間になるまで
(b) 自己意識と「自己との無限の闘争」――内的二分の極北
(2) 人間の労働
(a) 自然への働きかけが意識的になった
(b) ヘーゲルの目的論
(c) 自然の変革から社会の変革へ

第2章　自然の変革
——自然への働きかけから自己意識が生まれ、「自己との無限の闘争」が始まる……180
(1)道具によって感覚と衝動の一体性が壊れた
(2)意識の内的二分—対象意識とその反省
(3)「間違い」の自覚と「認識」の自覚が始まる
(4)目的意識の芽と「意志」の芽生え
(5)自己意識の確立と自我
(6)思考と意志の確立
(7)言葉、言語の始まり
(8)存在が当為を決める
(9)思考と意志、認識と実践
(10)欲求と衝動について
第3章　社会の変革……206
(1)自然の変革から社会の変革へ——人生を生き、社会を変革する
(a)変革の意志—何のために生きるのか
(b)人類史の概要
(2)社会の変革
(a)「自己との無限の闘争」の二重性
(b)法的正義と道徳的な善悪
(c)法律や諸制度の発展
(d)人間の自由

(e) 社会変革の主体は自己意識を持った個人である

第4章　個人としてどう生きるか　私たちの人生の作り方 …… 227

(1) 人間と動物の違い
(2) 自我の目覚め—思春期の意味
(3) 自己を打ち出すことの矛盾
(4) 特殊の段階—ヘーゲルによる人生の三段階説
(5) 思春期の教育への提言
(6) 人生の節目を作る—大人になってからの人生の作り方
(7) 意志の自由—選択の困難さとは何か
(8) 神の前に一人立つこと

第5章　人間の概念、人間の使命 …… 247

(1) 自然の真理としての人間
(2) ヘーゲルの問題設定と答え
(3) マルクスの唯物史観
(4) 人間は自然の自己意識として自然を完成する使命を持つ

あとがき …… 265

読者に

本書の読者として想定しているのは、哲学の専門家ではありません。日々の生活の中で直面した問題を本気で考え、困難な現実と真剣に戦っている方々こそ、私の読者だと思っています。その人たちに届く言葉で、届くように語ろうとしました。

それでもヘーゲル哲学は難しく、私の理解がまだまだ及ばないところがあり、それゆえに難しい用語が並び、読むのが困難だと感じるところがたくさんあると思います。

そこで、全体の構成と私の意図を最初に説明します。これを念頭において読んでいただければ、闘うための武器としてのヘーゲル哲学の項目リストができるはずです。

まず、第I部を読んでください。これが本書を読んでいただくための前提となります。

第II部はヘーゲルの論理学の内の本質論と存在論の説明です。ここはヘーゲル哲学を読む上で、どうしてもクリアーしておかなければならない部分なのですが、前提となる哲学用語の知識がないと、最も難しいところです。

全体を飛ばすか、流し読みをするとして、第4章だけはしっかり読んでください。これがヘーゲル哲学が現代を生きる人にとっての最大の武器になるところだからです。本質と概念の違いは大切です。さらに可能なら、第1章の(9)の根拠の限界と、その克服の方法(7)、第3章(2)の総体性、(4)の(c)の偶然性と必然性の区別には目を通してほしいです。読者のみなさん自身で、日々の経験を例にして考えていただければ、諸問題の本質や解決策を考える上でヒントになることがたくさんあると思います。

第Ⅲ部では具体的に、物質から生物、生物から人間が生まれるまでの過程を追いました。生物に関心がない人は飛ばしても大丈夫です。

第Ⅳ部は第Ⅱ部を受けて、ヘーゲル論理学の全体とその概念論の説明です。難しければ飛ばしてください。

第Ⅴ部が本書の本丸です。人間とは何か、私たちはどう生きるべきかを考えています。その際、自然と人間、その両者をつなぐ労働という三者の関係で考えています。人間が自然に働きかける際には、人間社会自体を変革することを媒介としています。ですから、第2章に自然の変革が、第3章に社会の変革が置かれています。最後に、個人の人生（第4章）と、人間の使命（第5章）を示して終わっています。難しいところは飛ばしながら、骨子を考えてみてください。

ヘーゲル哲学の概説書、解説書は、多数あります。本書もそうした形式をとっていますが、概説書や解説書を書いたつもりはありません。私がヘーゲル哲学を紹介したいのは、それが現代社会の中で生きて戦っていくうえで、それを根底から支える武器として、最大、最高のものだと思うからです。

ヘーゲル哲学とは、一言でいえば、発展の立場であると思います。

自然も人間も、私たちの社会も、すべてが発展によって生まれ、運動し、対立と矛盾による消滅を繰り返してきたものなのであり、それを理解するためには発展として理解しなければならない。そうでないと、諸問題の理解ができず、問題と本当に闘っていくことができなくなる。

だから、ヘーゲルは発展とはどのような事態であり、発展として物事を理解するとはどういうことなのか、それを明らかにしようとしました。

また闘う際には、できる限り、本質に即して、有効に闘い抜きたい。そのためには、自分自身と、他者や社会とどう関わっていくかが大きな問題です。ヘーゲルは人間の本質を「自己との無限の闘争」をする存在としてとらえました。

本書ではそれをできるだけ簡潔にわかりやすく描こうとしました。

本書が解説書ではないというもう一つの理由は、ヘーゲル哲学をありのままに説明するのではなく、そこに潜在的（an sich）にあるにとどまっているものをも、現代の中に発展させた形で示すことをめざしたからです（これが本当の批判です）。

それができなければ、ヘーゲル哲学の概説や解説をしたことにはならないでしょう。発展について語りながら、発展させる能力を持たない人間を、読者は信用できないでしょうから。

本書で示したことは、ヘーゲルの中にそのままあるか否かに関わりなく、本来の発展という考え方から当然出てくるものを、私に可能な限り明確に、簡潔に表そうとしたものです。

当然その中には、ヘーゲルへの批判も含まれています。それは、私には、発展の本来の考え方からの逸脱に思える部分であり、ヘーゲルの世間への妥協、彼の弱さの現われに見える箇所です。それについては、個人の事情はあったにしても、大きくは時代の限界としてとらえるべきでしょう。

私たちは、現代の立場から、ヘーゲルの先に進まなければならないはずです。他に、マルクス、エンゲルスについても言及しましたが、ヘーゲル哲学に対しての態度と同じスタンスで臨んだつもりです。

読者もまた、本書に対して、同じスタンスで読んでいただけるようにお願いします。

【凡例】

（1）「存在論」と「認識論」

「存在論」と「認識論」という用語ですが、認識対象の側に関しては存在論、認識側に関しては認識論という意味で使用しています。この意味での「存在論」と、ヘーゲル論理学の内部構成の、存在論、本質論、概念論の中の「存在論」とを区別しないと混乱します。本書では、それが誤解されることのないような叙述を心掛けたつもりですが、始めに一言お断りしておきます。

（2）引用

ヘーゲルの『小論理学』『大論理学』『精神現象学』『法の哲学』『歴史哲学』などからの引用に際しては、牧野紀之の訳を使用することが多かったです。訳文中の〔 〕は訳者によって補足された部分ですが、牧野のものが多い。他に許万元や松村一人の訳文を使用した場合もあり、私が一部を変えた箇所もあります。いちいち断ってはいません。

エンゲルス、マルクスの引用は、大月書店の全集版を使用することが多かったです。これもいちいち断ってはいません。

（3）許万元、牧野紀之

ヘーゲルの発展観は、世間の考え方とはずいぶん違います。あまりにも違うので、何が何やらわからないのが普通で、わかったのはごくわずかな人々だけだったようです。

マルクス、エンゲルスなどの社会主義のリーダーたち。日本の戦後では、ヘーゲル哲学の研究者の中から許万元、牧野紀之の二人ぐらいだと思います。本書では、ヘーゲル以外の人の見解や引用は、これら四人に限られていますが、それはそうした理由からです。

許万元、牧野紀之の二人についてはあとがきで少し説明しました。

第I部　発展の立場

ヘーゲル哲学を学ぶものにとって、発展とは何かを考えることは、そのままヘーゲル哲学とは何かを考えることである。

ヘーゲル哲学とは、すべての存在が成長・発展する（存在論）のだから、すべてを発展的に考えよう（認識論）とする立場である。

ヘーゲルは、このように存在論的にも、認識論的にも、発展とは何かを考えることによって、すべての問題の答えを出せると確信し、それを実行した。

逆に言えば、問題とは、そのように発展的に考えることができないために起こっていると考えた。

第1章　ヘーゲルの時代とその課題

ヘーゲル哲学の核心は発展観にあると述べた。

しかし、なぜそうなったのだろうか。なぜヘーゲルは発展の専門家になったのだろうか。ヘーゲルは、発展の専門家として生きようとしたのではない。哲学者として生きようとし、そのように生きた。彼はあくまでも哲学の当時の課題を解決するべく努力しただけである。そしてそれを徹底したために、結果として発展の専門家になったのである。

ヘーゲルにとっての課題とは、自由と自立の達成であった。

ヘーゲルが生きた一八世紀後半から一九世紀の前半は、まさに世界的な激動の時代である。アメリカ独立戦争にフランス革命が続き、ナポレオンが全ヨーロッパを席捲した。そのナポレオンの没落の後は反動、反革命の嵐が吹き荒れた。

当時、政治上は絶対王政、自由主義、民族主義が対立していた。産業革命以降、経済の発展はめざましく、工業化が進み、その原料と市場を求めて全世界の植民地化が推し進められ、西欧の列強間の闘争が激化した。アダム・スミスの『国富論』は資本主義社会の原理を解き明かし、経済発展の方向を明確に指示した。スミスによって経済学は政治学から独立した学問になった。科学技術が飛躍的に発展し、実験・観察の経験主義が旧来の形而上学を圧倒した。普遍的理性を掲げあらゆる現実を批判するフランス啓蒙思想が、フランス革命を実現していた。

そんな中で、ドイツは後進国の悲哀を味わっていた。一八世紀のドイツは三〇〇にも及ぶ小国、領邦が分立し、その領邦内では独裁的専制政治が行われ民衆は抑圧され奴隷のような生活を強いられていた。

一九世紀初頭にはプロイセンはナポレオン（フランス）との戦争に敗れ、ドイツ全土は占領統治下に置かれる屈辱も受けた。ドイツにとっては、民族の自立、ドイツの統一、近代国家の建設、民衆の自由の獲得が大きな課題になっていた。

時代は移り、ウイーン会議を経てドイツ連邦が成立し、プロイセン王国がドイツを統一した。プロイセンは上からの改革ではあったが、近代国家として政治・経済の改革を進めていた。すでに自分の哲学を確立していたヘーゲルは、プロイセンに国民の自由の実現の可能性を見て、自分の哲学を実現すべく、プロイセンのベルリン大学の哲学教授に就任した。

ヘーゲルにとっての課題とは、何よりもドイツに確固たる自由の王国を実現すること、さらに全世界に自由と理念の実現を準備することだった。

それがなぜ発展の哲学となったのだろうか。

ヘーゲルは、時代の要請に対して、政治家でもなく、経済学者でもなく、あくまでも哲学者として応えようとした。ヘーゲルの時代は激動の時代であり、科学技術や政治経済の分野でも新たな諸科学が次々に現れ、社会に大きな影響力を持っていた。しかし、ヘーゲルはそうした諸科学に激しい不満を持っていた。その認識が偶然的なレベルにとどまり、必然的な真理を示せないでいたからだ。

そして諸科学のレベルの低さは、そのまま当時の哲学のレベルそのものだった。否、当時の哲学のレベルの低さがそのままに諸科学に反映していたのである。

啓蒙思想に典型的だが、理性・理想の名のもとに現実の諸制度や法律がことごとく批判され、無効の宣告を受けていた。その思想はフランス革命として実現し、王制は倒され、共和制が生まれた。しかし、そこに実現された政治や社会は理想とは程遠いものだった。混乱が続き、抑圧と恐怖政治に陥り、そこからナポレオン皇帝が生まれた。

そうした期待外れの中には認識論上の問題も含まれていた。人間にとって真理や正義の認識は可能か、どのようにして可能か、という問いである。

それはイギリス経験論、特にヒュームによって表明されたものである。彼は、人間の認識には限界があり、完全な認識は不可能であると主張した。

ヒュームは、人間の感覚でとらえる経験では個別具体的な現象しかとらえられず、普遍性や必然性（実体、因果関係）をとらえることには矛盾があることを示し、人間が普遍性や必然性をとらえるには限界があることを示した。

その問題提起に対して、人間が普遍性や必然性をとらえられることを証明することがその後の哲学の課題となった。

啓蒙思想家の一人であったカントは、ヒュームの問題提起に答えて、人間の経験の範囲内では必然性が証明できることを示した。しかしそれはむしろ矛盾を深めるものであった。

カントは、経験そのものは人間の感覚、思考（悟性）が作り出すものであり、そこでは悟性概念（普遍性や必然性）は必然的に妥当するとした。しかしそれは経験を超えた領域、理性の範囲では妥当しないとした。その領域においては、悟性的な思考規定は必然的に矛盾を孕むことを示したのである。

これに対して、ヘーゲルの解決方法は、世界の政治、経済、文化のあり方、一般に存在の運動すべてを発展としてとらえ、その運動は対立・矛盾を含み、それゆえに発展することを示すことだった。

そうならば、それを反映しなければならない認識も、同じく対立・矛盾を孕むが、そこには問題はない。むしろ矛盾を含むからこそ、存在の運動を反映することができる。つまり従来の普遍性や必然性といった考え方を、発展の論理の中に位置づけ直すことが、ヘーゲルが行った解決策だった。

こうしてヘーゲル哲学においては、「発展」がすべてを貫く原理とされ、対立・矛盾こそがその核心として位置づけられるようになった。ヘーゲルは発展の立場の哲学者になった。

なお、ヘーゲルはプロテスタントとして熱心なキリスト教の信仰を持っており、その哲学は、キリスト教、特にプロテスタントの教義の哲学化だという意見がある。そこから彼の哲学を観念論だとして批判する者もいる。

そうした側面があるのは確かであるが、ヘーゲルがそうしたのは、世界と人間の認識の運動を、キリスト教が深くとらえている限りでのことだろう。

私たちは、キリスト教云々はいったん脇におき、ヘーゲル哲学が実際の現実社会とこの自然界とをどのレベルで説明できるかで、その哲学の是非を判断したいと思う。

第2章　発展とは何か

(1) 一般の発展観

現在、世間では、発展とはどのようにとらえられているのだろうか。
発展を辞書で調べてみると、小学館デジタル大辞泉では
① 物事の勢いなどが伸び広がって盛んになること。物事が、より進んだ段階に移っていくこと。「経済が発展する」「大事件に発展する」。
② 色事や遊蕩《ゆうとう》において、積極的に活動すること。「だいぶご発展のようですね」。
と説明されている。
精選版 日本国語大辞典の解説では
① 物事が進み、ひろがっていくこと。より低い状態から、より高く、より完全に、より分化し、より豊かに、より複雑になっていくこと。勢いや力などが伸びてひろがること。盛んになること。

②異性関係や酒などに耽って遊び歩くこと。
と説明されている。

二つ目の意味には笑ってしまうが、こうした世間の理解には、何らかの根拠があるものだ。後に言及するが、生物が生き続けること、つまり発展することには、生殖機能が大きな役割を果たしている。

しかし、それは特殊な意味であり、①の一般的な意味が、世間の普通の理解だろう。

この理解には現象面のとらえ方（勢い、伸び広がる、盛ん）と、本質的な面のとらえ方（より進んだ段階。低い状態から、より高く、より完全に、より分化）の二側面があるように思う。

「発展」の類語は多い。進展、進歩、発達、進化など。さらに成長、生育、発育、成育、成熟、円熟。現象面では栄える、繁栄、賑わう、などがある。

これらは、その対象によって、使い方が決まっているようだ。「生物の進化」であり、「人類の進歩」であり、「個人の成長、発達」「老人の成熟、円熟」だろう。「発達」というと発達心理学などの教育学が浮かんでくる。

このように類語が多数あることは、発展観が、物事を認識する上で、いかに根本的な枠組みかをあらわしている。

しかし、総じてその理解は表面的なものにとどまっているのではないか。いろいろな表現の違いはあるものの、それらは結局は、変化一般のことでしかない。せいぜいが質の変化（量の変化との区別）としての把握までである。

しかしそれだけなら、発展かどうかの基準にはならないだろう。停滞ではなく、変化ではあっても、それが発展かどうかはわからないからだ。退歩かも知れない。堕落かも知れない。発展だとしても、どの程度のレベルなのかもわからない。

ヘーゲルによって、そうした基準が厳しく問い直されたのである。

私が高校生だった一九七〇年に開催された日本万国博覧会（大阪万博）のテーマは「人類の進歩と調和」だった。私は、このテーマに笑ってしまったことを、懐かしく思い出す。なんといいかげんで、ご都合主義のテーマだったことだろうか。

これに対して、ヘーゲルの発展観はずいぶん違う。あまりにも違うので、何が何やらわからない。わかったのはごくわずかな人々だけだったようだ。

(2) 発展とは本質に帰るような変化のこと

ヘーゲルの発展観は、その完成した形が、もっとも純理論的には、ヘーゲルの論理学に示されている。私たちは論理学によって、発展の形式面を押さえることができる。

ヘーゲルはその論理学において「発展とは、移行（変化）と反省の運動の統一」である、とする。

これを理解するためには、論理学が三部から構成されていることの意味をとらえておく必要がある。

ヘーゲルの論理学は三部構成となっており、存在論と本質論と概念論からなる。この存在論は、本質論、概念論との対比の用語で、認識論に対する存在論とは一応別である。

この存在論と本質論は、大きく言えば、一般に言われる現象と本質の違いに該当する。

存在論は、存在しているものが人間の感覚に現れる段階を考察する。ここでは存在するものは、すべて変化し、滅びゆく。

本質論とは、存在論の変わりゆくもの、変化するものに対して、変わらないもの、永遠なもの、普遍性を求める段階であり、それは人間の思考でしかとらえられない。

ここでは、存在の根拠（「なぜ」「どうして」）が問われ、存在するものはその根拠からとらえられるから、対象は二重化し、根拠（本質）と根拠づけられるものとの関係が問題となる。この関係をヘーゲルは「反省」「反照」と呼ぶ。

存在論と本質論とに分けることは、一般に言われる現象と本質の違いを思えば、一応は理解できるだろう。ヘーゲルの論理学の特異性は、こうした存在論と本質論の奥に、さらに概念論を置き、全体を三部構成にしたことである。

つまり本質の奥に、本質の根拠として概念を置いたということである。これは哲学史上でヘーゲルだけが行ったことであり、本質と概念の違いが何を意味するかが大きな問題となる。

この三者の関係は、概念は存在と本質の統一であり、両者の真理である（『小論理学』一五九節本文と付録）とされる。つまり、存在と本質が発展した姿が概念だということである。


この三段階をそれぞれの運動に着目すると、
存在論における、存在の運動は、他者への移行（変化）である。

本質論における、本質の運動は、他者への反照であり、反省である。

概念論における、概念の運動は、自己が自己を展開して自己へと戻るという発展である。

「概念の進展はもはや〔存在論の〕他者への移行でもなければ〔本質論の〕他者への反省でもなく、発展である」（『小論理学』一六一節本文）。

「他者への移行は存在の分野での弁証法的過程であり、他者への反省は本質の分野でのそれです。それに対して概念の運動は発展です」（『『小論理学』』一六一節付録）。

しかし、概念が存在と本質の統一であり、両者の真理であるならば、つまり発展が存在の移行の運動と本質の反省の運動の統一であり、両者の運動の真理であるならば、「発展とは、移行（変化）と反省の運動の統一」であることとなり、それは外化の運動と内化の運動が一体となったものになる。

「外化」と「内化」について、ヘーゲルは次のように述べている。「〔存在論の〕他者への移行〔変化〕は潜在している概念を引き出して展開することであると同時に、存在が自己の中に入っていくこと（この自己内行は存在が自己自身の中に深まっていくこと）である。」（『小論理学』第八四節）。つまり、「発展はすでに潜在的に存在しているものを顕在化させるにすぎません」（『小論理学』一六一節付録）。「自己の外へ歩み行く〔これが外化〕それぞれの新しい段階は、換言すれば、規定をすすめてゆくそれぞれの新しい段階は、また、自己のうちへ進んでゆく〔これが内化〕ことでもある」（ヘーゲル『大論理学』ラッソン版Ⅱ五〇二頁）。

存在論においては、AがBに変化した、つまりA→Bへの変化があった時に、ただ変化として、つまり自己から他者への変化、他者への移行の運動、自己の内奥にあったものが外化する運動としてとらえられる。

しかし本質論では、A→Bへの変化に対して、それが発展である場合、Aが自己内反省（自己への内化）して自らの根拠を現したものがBであり、このAとBとは相互関係であり、AもBも相手との関係の中でのみ理解できる。こうした相互関係が「反省」「反照」である。

概念論の運動は、この存在論と本質論の両者の運動を一つの運動の二つの側面としてとらえるものであり、それは外化の運動と内化の運動の統一であり、これが発展なのである。

以上はヘーゲル自身が述べていることだが、これをどう理解するかが難しい。

この関係をヘーゲル自身はわかりやすく示していない。ヘーゲルに代わって、これを説明してみせてくれたのが、許万元と牧野紀之である（この二人については「あとがき」を参照されたし)。

許万元の説明を最初に挙げる。

「ヘーゲルは言う。『概念の進展はもはや移行でもなければ他者への反照でもなく、発展である』。だが、『発展』とは一体何か。

もし概念が、まことへーゲルが言うように『存在と本質との統一である』とすれば、概念の論理は『移行』と『反省』との統一でなければならぬはずである。即ち、他者へ移行することが直接に自己へ反省するということでなければならぬのであろう。(一部略)

もしそうだとしたら、ヘーゲルの言う『発展』とは、自己を外へ一歩一歩と形成してゆくことが、直接に自己のうちへ一歩一歩と反省してゆくような進展のことであらねばならぬ。(一部略)

あるいはまた、逆に言っても同じであろう。即ち、自己の内へ内へと反省することが、逆に、自己の外へ外へと形成することである、と。(後略)」(許万元「ヘーゲルにおける概念的把握の論理」)

許のこの考え方は、発展を外化と内化の統一的な運動としてとらえることである。

ある対象が自己を現象として外化していく変化の運動が、そのまま、その対象が自己の本質を明らかにしていく内化の運動であることになる。最初はその対象の本質は潜在的であり、見えないものなのだが、それが発展していく過程で、隠れた本質は外に現れ、その外化の運動は、結果的にはその本質の奥へ奥へと内化することになる。

許が示したこの発展観を、牧野紀之は、発展とは「本質に帰るような変化（進展）」のこと」（牧野のウェブ版哲学辞典『マキペディア』の「発展」の項）と、簡潔にまとめている。

(3) 発展の基準──外化と内化、前進と背進、往路と復路

ヘーゲルの発展観を一般的な発展の理解と比較した時、どういう違いがあるだろうか。

ヘーゲルは、発展を対象の本質の外化と内化の道としてとらえる。それを言いかえれば、前進と背進、往路と復路からなる運動である。

しかも、その往路と復路、本質の外化と内化とは、一体のものなのだ。つまり、外化の運動が、そのままに、対象が自己へと内化する、言い換えれば自らのより深い本質の現れとなっている時にのみ、それを発展とする。これは内化の運動がそのままに外化の運動となっていると言っても同じである。

これに対して、普通の考え方は往路のみであり、外化の側面しか見ていないことになる。それでは、変化一般ではあっても、それが発展かどうかはわからない。ただの変化でしかなかったり、発展どころか逆に退化や堕落の可能性もあるのだ。

それに対して、ヘーゲルは明確に、発展の基準を示した。対象が内化した、つまり自らのよ

り深い本質の現れとなっていることである。

「発展とは本質に帰るような変化のこと」。

この基準を示したことは、世間の発展観への批判であるが、この世界に存在するあらゆるものに対して、発展せよ！という厳しい課題を突き付けたことにもなる。人間社会やその諸制度も例外ではない。

しかし啓蒙思想家たちが、彼らの理性・理想からあらゆるものに否定を突き付けた方法とは違う。そこには発展という客観的な基準があり、その基準は逆に啓蒙思想家の理性を批判することになるだろう。これは後に、エンゲルスが『空想から科学へ』で行った。

このように、ヘーゲルによる発展観の転換は、存在するすべてのものを批判することとなり、またその批判の基準を発展か否かに定めることになった。そして他方では、認識方法、本質のとらえ方をもまったく変えてしまった。

(4) 本質認識の難問

ヘーゲル以前には、本質認識と発展とが関係づけられるとは誰も考えていなかった。しかし、ヘーゲルによって、本質の認識はその対象の発展と関係づけられることになった。ここに本質のとらえ方が、従来とはまるで違うものとなった。

従来の考え方はこうである。

すべて存在するものは、変化し、移ろいゆき、死滅する。しかし、そうした現象の奥に、変わらないものがあり、それが対象をその対象としている。それが対象の本質である。

では、その本質はどのようにとらえることができるか。本質は現象の中に現れるから、現象を分析すればよい。存在するものはすべて個別であり、その個別とは、その類に属するすべての個別に共通する普遍性とその個別に特有の特殊性とからなっている。そしてすべての個別に共通する普遍性を、分析してとりだすこと、個別からその特殊性を取りのぞき、普遍性だけを抽象することが認識である。

しかし、こうした理解では、難問が出てくる。

一つの対象や現象に対する本質（理由、原因）は、常に複数挙げられるだろう。そのうちのどれがなぜ重要なのかを示す基準は何なのか。それがわからない。しかも、そこで挙げられる本質の中に、相互に対立するものすら出て来る。それらはどう関係するのかがわからない。それらの全体の関係は不明なままである。

ヒュームやカントが提起した問題もある。人間という認識主体が現象の中に、現象を分析することによって本質を把握すると言うが、そうした主観的なものがどうして客観的認識を保証するのか。対象の外から人間が行う認識には、最初から矛盾があるのではないか。主観性と客観性の対立はどう超えられるのだろうか。

中世以来の大論争、普遍論争もある。実際に存在しているのは、個別なのか、それとも普遍性そのものか。

ここには矛盾のとらえ方の問題がある。個別から普遍性を認識することには、どうしても矛盾があり、同一律、排中律、矛盾律に抵触する。他方で、同一律、排中律、矛盾律は、あらゆる科学や哲学、形而上学の前提であり、認識に矛盾はあってはならない。矛盾した場合は、その認識は間違いである。この二つの命題の対立・矛盾をどう克服したらよいのか。

こうした様々な問題がある中で、ヘーゲルは、本質の認識（認識の運動）と発展（存在の運動）とを結びつけることで、これらの諸問題を一挙に解決しようとしたのだ。

存在するものは発展して、その本質を自ら外に現わしていくから、人間はその本質を認識できる。それが主観性と客観性との対立の解決であり、両者の一致の保証である。

本質に見えるものが複数あったり、対立する本質があったりしても、その意味はその対象が発展する中で、明らかになっていく。

普遍性は個別に内在しているのだが、それは発展の過程の途中における形態であり、その始まりでは本質はまだ潜在的（個別と普遍性は一つ）であり、その終わりにおいてもまた一つである。

発展こそが、すべての問題を解決するカギである。こうしてヘーゲルは発展の立場に立つ哲学者になった。

ヘーゲル哲学にあっては、一方では発展によってすべての存在が批判され、吟味され、他方では、発展によってすべての認識が批判され、吟味されるのである。

このことはヘーゲルの評価に大きな対立をも生んでいる。一方では改革の旗手であり、他方では保守反動そのものであると。この問題には、読者のみなさん一人一人が自分で答えを出すべきだろう。私見は以下で述べていく。

(5) 始まりと終わりからなる一つの円環

さて発展を外化と内化の統一的な運動としてとらえ、発展とは「本質に帰るような変化」のことととらえたとしよう。

しかし、発展を外化と内化からなる運動、その一体の運動としてとらえるだけなら、それは両方向へと無限に伸びた線が引かれるだけになってしまう。そうではなく、始まりと終わりの点が明確に設定されるのが発展である。

その始まりとはある存在（対象）が生まれた地点であり、それはその対象の本質の始まりの地点でもある。しかしその本質が何であるかは最初はわからない。対象が成長、発展する中で、その本質は次第にその姿を現していく。そしてその本質のすべてが現われた地点が本質の終わりであり、対象の終わりでもある。この終わり（完成）は同時に始まりに戻ることだと、ヘーゲルは言う。初めにあった本質のすべてが現われ、本質の本当の姿が明らかになるからだ。

ここに発展の始まりと終わりの二つの地点が定まり、その両者を結ぶ途中の運動とからなる三段階の発展の運動が示される。

そうとらえた時、それは始まりと終わりからなる一つの円環として理解することができる。一つの円環にはその始まりと終わりがあり、その終わりは始まりに戻る。


ヘーゲルは自分の発展観をイメージできるように、その具体的な説明として、よく植物を例にする。ドングリの実と樫の大木が、ヘーゲルのお気に入りの例である。

私たちの前にドングリの実がある。それはただドングリであり、その固い殻を壊して中を覗いてみても、そこには白いデンプンの塊があるだけで、それ以外には何も見えない。しかし、そこから根が出て発芽する。芽からは茎や枝が伸び、枝には葉が茂り、大樹となっていく。そこではたくさんの花が咲き、実がなる。そして最後に現れるドングリは最初のドングリと同じものであり、このドングリから、次の樫の木が育っていく。

始まりとは最初のドングリであり、終わりとは最後のドングリである。

発展の運動の始まりから終わりまでは一つの円環をなすのだが、その円環の内部にはさらに小さな円環が多数あり、それらの円環が連なることで一つの円環をなす。他方で、その一つの円環は、その外に存在するさらに大きな円環の一部であり、それらの多数の円環が連なることで、より大きな円環を作っている。内部にも外部にもそれは無限に拡大、縮小される。ドングリの例では、根や茎や枝、葉や花や実は、一つ一つが小さな円環であり、最初のドングリから、最後にまたドングリが生まれるまでが大きな円環である。

こうして、発展を始まりと終わりからなる一つの円環として理解するならば、その始まりと終わりの理解が決定的に重要であることがわかるだろう。始まりとはどこにどのように現れるのか。終わりとはどこにどのように現れるのか。私たちはそれをどのように認識できるのか。

ドングリの例は一つの種の内部における円環運動である。では、生物の進化の過程や人間の社会の発展はどう考えればよいのだろうか。

第Ⅱ部　ヘーゲル論理学の本質論と存在論

第1章　ヘーゲル論理学における本質論

(1) 論理学の中で一番難しい本質論

ヘーゲルは、彼の時代の哲学や諸科学に対して不満を持っていた。それは本質認識の不十分さにあった。その認識が偶然的なレベルにとどまり、必然的な真理を示せないでいることに対する不満である。

一つの現象に対する本質（根拠、理由、原因）が複数挙げられ、そのうちのどれがなぜ重要なのかが示されない。しかも、相互に対立する二つ以上の根拠がともに挙げられたりもする。それらの全体がどう関係するのかは不明なままで、そのどれがどのように正しく、どれがどのように間違いなのかは示されない。

ヘーゲルがこの問題と闘ったのは、何よりも彼の論理学においてである。

それは諸科学の問題の根底に、思考能力の低さ、そのカテゴリーの運用能力の低さ、つまり思考における悟性レベルを見ていたからであり、それを克服した理性レベルの思考を示すためである。

それは論理学のどこでどのように問題にされているのか。

論理学の全体は、存在論と本質論、概念論からなっている。その中で本質論こそが、この問題の主戦場である。

世間や諸科学でなされていることは、この本質論が問題とする領域にほぼ重なるからである。「本質論は論理学の一番難しい部分であるが、そこには、とりわけ形而上学と諸科学一般のカテゴリーが含まれている」(『小論理学』一一四節注釈)。

ここにヘーゲルが何と闘っていたのかが明示されている。敵とは形而上学と諸科学一般の考え方であり、その本質認識の低さだったのである。

したがって、その闘いは、ヘーゲルの論理学では本質論に集約されているのである。それだけに、ヘーゲルは本質論でこそ闘った。それが「一番難しい」という言葉によく出ている。

(2) ヘーゲルの「弁証法」――「悟性」と「理性」の関係

この第Ⅱ部から、本質認識の問題をヘーゲルの論理学から検討していくが、そこでは人間の思考能力そのものを正面から問題にする。そのために、「悟性」と「理性」の違いが繰り返し問われていく。

ここで、ヘーゲル哲学においての「悟性」と「理性」、さらに「弁証法」と「思弁哲学」という用語の意味を説明しておく。それはヘーゲルにおける人間の認識の全体像を前提としているので、まずはそれを理解していただかなければならない。

ヘーゲルは、人間の認識全体の発展について、次の図のように考えている。

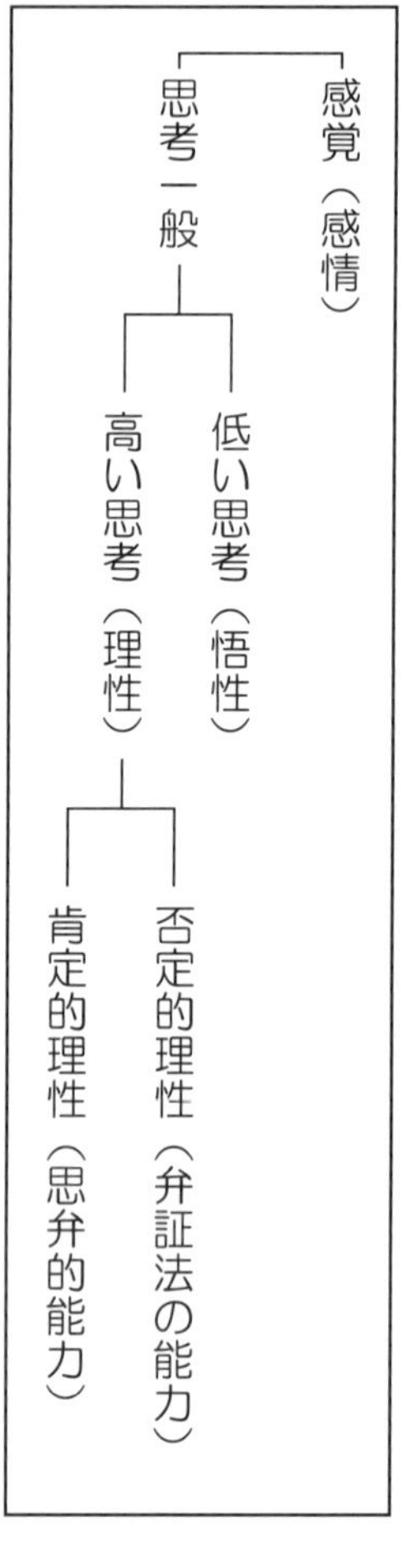

感覚と思考一般の区別は、古くからなされているし、世間の常識だろう。人間は、対象をまず感覚によって表象（イメージ）としてとらえ、それを思考によって観念・概念にしていく。その思考一般を、悟性と理性に分けたのはカントである。カントはそれぞれの対象を有限と無限に区別することで、二つを分けた。（『小論理学』四五節付録）

悟性（Verstand）は、対象が有限で制約されるものであり、その思考能力にも限界がある。理性（Vernunft）は、対象が無限で制約されないもの（世界、神など）、その思考能力も無限である。

ヘーゲルはこのカントの用語を継承し、思考能力を低い、高いで区別した。ただし、カントの区別はそれ自体が悟性的だったのに対して、ヘーゲルは、理性を悟性を止揚した能力としてとらえ、両者を発展的にとらえている点が違う。

ヘーゲルは、この理性にさらに二つの段階を区別し、悟性の限界を指摘するだけのもの（狭義の弁証法＝否定的理性）と、その限界を実際に克服して、それを超えた理解を打ち出せるもの（思弁的能力＝肯定的理性）とに分けたのである。ヘーゲルは、この両者についても後者が前者を止揚した能力として両者を発展的にとらえている。

なお人間の感情についてだが、その形式面は感覚のレベルに位置づけられる。

以上がヘーゲルの認識についての理解だがその特異性は、思考の三段階のとらえ方にある。

悟性は、思考の始まりとして、絶対に必要な段階である。悟性の段階を飛ばして、理性の段階はない。

悟性とは、事柄や用語の意味をきちんと確定し、固定してとらえ、他との違いを明確にする能力である。一般に、思考の三大法則とされる同一律、排中律、矛盾律の立場がこれである。

これは世間一般の理解であるし、すべての科学者、研究者の大前提である。

ヘーゲルにとってもそれは変わらない。悟性の能力のない人には、その先はない。それを突き詰めていけた人だけが、その先に進むことができる。

この悟性の限界とは、必ず矛盾にぶつかり、それを解決できないことにある。

すべての存在は、自己内に矛盾を含み持ち、それゆえに変化し、運動する。したがって、そうした対象を認識するには、認識方法にもその矛盾と運動をおさえることが求められるが、悟性にはそれができない。しかし、悟性が発達していない人には、そもそもその限界を意識することができないのだ。

悟性が発達している人が、自分をごまかさず、対象に誠実に向き合おうとするならば、その限界に気づき、対象が突き付ける矛盾に気づかざるを得ない。そして先に進む。

ヘーゲルは、その矛盾をとらえる際に、二段階があることを明らかにする。まずは矛盾をとらえるのだが、矛盾を直接的に、つまり否定的にしかとらえられないのが第二段階（否定的理性）であり、狭義の弁証法である。そこでは矛盾は無であることになる。矛盾はただ認識の間違いであり、矛盾に見えるものは存在しないと考える。これは、古代ギリシャのソフィストや懐疑派など、古くからある立場であり、カント自身もそこに留まっている。

ヘーゲルは、そうした否定の側面に止まらず、その矛盾が運動をもたらし、その運動が必ずその成果をもたらすことをとらえ、その全体を見て、矛盾を肯定的にとらえられることを示し、それを最終の第三段階として肯定的理性とし、狭義の弁証法に対して思弁的能力とした。この思弁的能力が、カントが提示した矛盾に対するヘーゲルによる解決だから、この最終段階がヘーゲル哲学の立場である。そこで、ヘーゲルは自らの哲学を思弁哲学と称した。

しかし、一般的にはヘーゲル哲学は弁証法（広義の弁証法）と呼ばれる。それはなぜか。悟性と弁証法という考え方や用語はすでにあったのだが、従来はバラバラ、または無関係、または敵対関係でしかなかった。この両者の関係を、ヘーゲルが初めて発展的に位置づけなおし、その全体を示すことができた。

それは、悟性から狭義の弁証法を媒介として、思弁的思考が生まれるという理解である。そこでは、媒介項としての狭義の弁証法が決定的に重要である。狭義の弁証法こそが矛盾を矛盾としてとらえる段階であり、これゆえに矛盾の克服が可能になるからである。この重要性を理解した時、ヘーゲル哲学を弁証法と呼ぶのである。

(3) 本質論における反省論

ヘーゲルは本質論を三段階に分ける。「それ自身における反省としての本質」（今後「反省論」と呼ぶ）、「現象論」、「現実性論」である。

この現象論、現実性論では、哲学と諸科学の実際の認識が問われている。その前の反省論は、本質論全体の序論として置かれ、問題のありかとヘーゲルの立場を明確に示している。

哲学と諸科学の認識に問題がある以上、その問題が生まれてきた過程の中に、問題の克服の方法も示されるはずだ。

それは冒頭の反省論に端的に示されている。この反省論の内部は、仮象論、同一と区別の反省規定、根拠と展開される。ヘーゲルは仮象と根拠の関係から、同一性、区別の反省規定を導出し、その同一と区別の統一として根拠を示す。そして仮象と根拠の統一（根拠から仮象をとらえ直す）から次の現象を出す。

哲学と諸科学の問題とは一般的に言えばこの根拠の不十分さである。そして、根拠の立場に問題がある以上、その問題が生まれてきた過程の中に、その問題の克服の方法も示されているはずである。これがヘーゲルの基本的な方法であり、これが発展の立場なのである。これらは序論として置かれた反省論で示されるはずだ。


そもそも、私たちに本質が問われるようになるのはどういう時だろうか。

それは感覚の世界への疑いが始まった時だろう。感覚でとらえたものが、実際とはズレていることを知ったり、感覚でとらえる世界が確かなものではないことを自覚した時。

存在するものの世界は無常であり、ただ変化していく。生まれ、変化し、消滅する（これは変化する多様性の世界、区別の世界である）。その中に変わらないものがあるのではないか、感覚を超える世界（これは変わることのない同一性の世界である）があるのではないか、それが本当に確かなものなのではないか、ととらえた時に、私たちは本質論の入り口に立つのだろう。

その時、感覚の無常な世界と感覚を超える世界との関係が問われる。

それが無関係ではなく、変化し移ろう世界は、変わらない世界の何らかの現れではないか、ととらえた時に、本質論のただ中に、私たちは立つのである。

こうした関係において、一般に前者が外的な現れ、「仮象」と呼ばれ、後者が内的本質、「根拠」と呼ばれており、ヘーゲルもそれを踏襲する。この根拠とは、普通には理由であり、原因・結果の因果関係としてとらえられる考え方である。

(4) 根拠の立場の不十分さ

ではこうした根拠の不十分さとは何か。

根拠の立場は、対象の内的根拠を探せばよい。対象を二重化させ、その根拠に媒介させればよい。それが根拠の立場であり、それ以上のことは根拠では問われない。その正しさの基準は、根拠が現象を説明できるか否かだけである。ここにその限界、根拠の不十分さがある。

ヘーゲルは次のように批判する。

「事物の根拠を問う時には事物をいわば二重に、まずはその直接態において、次にはその直接的なあり方ではない根拠において〔根拠から媒介された姿において〕、見ようとしているのです。事物は本来媒介されたものとして考察しなければならないということにすぎません」。

「根拠というものはいまだ絶対的に規定された内容をもっておらず、したがって、ある物をその根拠から理解しただけでは、その物の無媒介の姿と媒介された姿との形式上の区別を知ったにすぎないということです。ですから、例えば、ある電気現象を見てその根拠を問い、その根拠が電気だと知らされても、それは、目の前に無媒介に与えられた同一の内容が内的なものへと翻訳されたにすぎないのです」。

「根拠は単に単純に自己同一なものであるだけではなく、〔自己内で〕区別されたものでもあります。ですから同一の内容について複数の根拠を挙げることができます」。「同一の内容に対してそれを肯定する根拠と否定する根拠とが挙げられるということになります」。

（以上『小論理学』一二一節付録）

(5) 同一と区別の反省規定

根拠の立場に不十分さがあるのならば、仮象と根拠との関係に不十分さの原因がなければならない。またそこにその克服の道も示されるはずである。

したがって、仮象と根拠との両者を結ぶ、同一性と区別の反省規定が核心になる。

根拠とは、ある存在の内的本質（変わることのない同一性）であり、仮象とは根拠の外的現われ（多様な区別）のことである。しかし、この同一性と区別の二つの側面は切り離せないし、二つで一つなのである。一つの対象が二つに分裂、区別され、しかし、その二つは、一つの対象の二つの側面であるから、同一なのである。だからヘーゲルはここに自己同一性と自己区別を見ていく。

この区別は自己から自己を突き放すこと、つまり一つの自己が分裂した状態がここにおける区別、つまり自己区別であり、だからこそ両者はそもそも同一、つまり自己同一（自己と自己との同一性）なのである。

だからこそ、根拠の同一性とは、単なる抽象的な同一性ではなく、同一と区別という対立・矛盾を自己内に二つの契機として含み持った、より具体的になった同一性なのである。

ヘーゲルがここで導出した同一と区別とは、一般にはAとBを比較して、AとBは同じだとか、異なっているとかという際の、同一性（同等性）や区別（不等性）としてとらえられる。それがさらに抽象化され、「同一律」（A＝A、AはAである）、「排中律」（ある物はAか非Aであり、第三者は存在しない）、「矛盾律」（Aは同時にAかつ非Aであることはできない）として意識されている。これらは思考の三大法則と呼ばれ、すべての人が従っているものであり、これゆえに比較が可能になっているとされている。

しかし、それは原因ではなく、結果でしかない。ヘーゲルは、それらの思考法則が成立するように見える根拠として、自己同一と自己区別をここで提示しているのである。つまり、比較の際の同一や区別を言うことが可能なのは、そこに最初から自己同一の関係があり、それは同時に自己区別の関係でもあるからなのである。

このことは、世間でもある程度理解されており、比較が可能なのは、根底には同一性があり、その上での違いがとらえられるからだと言われている（『小論理学』一一八節付録）。

ライプニッツが問題にした「不可識別者同一の原理」（すべてのものは異なっている、完全に等しい二つのものは存在しない）をヘーゲルは取り上げて、その真意を「ある物はそれ自身で異なっている、それ自身の規定によって異なっている」という意味だと説明し、それを「自己区別」の主張だと言う（『小論理学』一一七節の注釈と付録）。それは「自己同一」の主張だと言っても同じことである。

こうしたライプニッツやヘーゲルのとらえ方は、もちろん、同一律・排中律・矛盾律への批判として出されている。

いわゆる同一律・排中律・矛盾律と、自己同一と自己区別とは、根底において全く対立し、矛盾する。ヘーゲルはここで、同一律などの思考法則を悟性レベルの低いものとしてとらえ、それが哲学や諸科学の根底にあるがゆえに、その根拠の立場の不十分さを生むととらえている。

哲学や諸科学は、根拠を複数挙げることに躊躇ない。中には相互に対立するものを挙げても平気である。

「形而上学と諸科学一般のカテゴリーは反省的悟性の産物であり、反省的悟性というものは、区別された諸項を自立的なものとしながら、同時に又それらの区別項の相対性〔関係〕も認めるのだが、その時その諸項の自立性と相対性を並列的ないし前後的共存関係として、『もまた』というようなことで結びつけて終りとするだけで、これらの観念をまとめ〔内在的に関係づけ〕て、それを概念にまで統合することをしない〔から〕である」(『小論理学』一一四節注釈)。

この「もまた」をやめることから、哲学は、真の思考は始まるのだ。

では、その「概念にまで統合すること」、つまり、必然的な根拠、その全体を明らかにするにはどうしたらよいのか。

回答は、複数の根拠がただ並べられるだけの関係を、より必然的な関係へと深めていけばよい、となる。

その方法は、区別の関係を深めることによって示されている。

(6) 根拠とは何か

ヘーゲルは、反省論の反省規定で同一性と区別を取り上げ、区別の内部では、差異→対立→矛盾の順番に取り上げていく。この区別の進展に、ヘーゲルは関係の運動の深まり、発展を見ていく。

差異とは、ただの違いであり、直接的区別である。しかし違いが深まると「対立」関係が現われる。ここで対立しあう両者は反照しあう。「他者がある限りでのみ存在する」。「自己に固有の他者」を持ち（相互依存）、相互に排除しあう。「一方は他方との関係の内にのみ自己の根拠を持ち、他方に反省している限りにおいてのみ自己に反省する。他方もそうである」（『小論理学』一一九節）。ここに矛盾が始まるが、矛盾はさらに激化し、その中から矛盾を克服する運動が起こり、止揚される。

ここにヘーゲルが示す区別内部の深まりは、そのままに根拠同士の関係が、差異から対立するようになり、その矛盾が深まっていく過程である。

そもそも、根拠とは同一性と区別という矛盾を止揚し、両者を自己の契機として含み持ったものであった。それは「総体性として定立された本質」であり、「矛盾として定立された対立の最初の結果が根拠である」（『小論理学』一一九節付録）。

根拠は自己内に同一と区別を含み持っている。だからこそ、一つの内容に対して複数の根拠を挙げることができるのである。

根拠は、実は仮象と根拠に分裂する以前の最初の同一性に戻ることであるが、最初の抽象的な同一性に対して、一つ上のレベルの具体的な同一性である。最初の同一性の中にあった、同一と区別を自らの両契機として止揚している同一性だからである。

根拠は、実は最初の同一性の中にあり、そこから区別として外化し多様な世界として現れるが、それらは対立から矛盾へと深まる中で運動をおこし、その対立や矛盾はその運動の中で止揚され、それらの根拠が現れてくるのである。

この対立から矛盾の深まりによって、根拠に戻るというとらえ方が、ヘーゲルの矛盾観であり、これが実は発展そのものの論理である。

(7) 根拠を深めるには、区別を深めればよい

さて、根拠にはその深さに違いがあり、その発展段階の違いがある。それは根拠に止揚される区別の深まりに対応するのである。

「根拠が複数挙げられた状態は、〔差異→対立→矛盾と進んでいく〕区別の概念に従って、たんなる差異〔たんに根拠がいくつもあるということ〕から対立〔した根拠があるということ〕

へと進み、〔さらに〕同一の内容に対してそれを肯定する根拠と否定する根拠とが挙げられるということ〔矛盾の関係〕になります」（『小論理学』一二一節付録）。

ヘーゲルは区別を差異から始める。そこでは対象の運動はまだ始まっておらず、人間による対象の外からの反省（比較）だけがなされる。

「差異」の立場とは次のように説明される。

「日常の意識は区別された諸項を互いに無関係なものと見なしたりします。例えば、『私は人間であり、私の周囲には空気、水、動物、その他いろいろなものがある』という言い方がされます。このように言うと、すべてのものがバラバラになってしまうのです」。

「差異」の立場は低い段階ではあるが、人間の認識はここから始まるしかない。それに対して、対象の側の運動の始まりが「対立」の段階であり、それが認識においての「対立」の段階に進むことである。

「哲学の目的は無関係性を追放し〔諸事物を無関係な並存にとどめておかないで〕、諸事物の必然性〔必然的関係〕を認識し、ある物の他者がその物固有の他者として対立して現われるようにすることです」（以上、『小論理学』一一九節付録二）。

「対立」の関係でとらえていく段階では、肯定的なものと否定的なものとが対立するのだが、この具体例としてヘーゲルは自然科学が示した二極性を挙げる。

「肯定的なものと否定的なものとはその本質からして互いに制約しあっており、相互の関係の中ではじめて存在するものなのです。磁石の北極は南極なしにはなく、南極は北極なしにはありえません。もし磁石を切断しても、一方の断片に北極、他方の断片に南極ができるのではありません。電気の場合でも同様で、陽電気と陰電気とは独立して存在する二つの異なった流れではありません」(『小論理学』一一九節付録二)。

この二極性において、すでに矛盾が現われている。それは区別と同一の直接的な統一だからである。それは根拠に内在している矛盾の深まりでもある。

これが社会科学の例になると、矛盾は深まり、同一性が浮き出てくる。

「〈肯定的なものと否定的なもの〉には絶対的な区別があるかのように思われがちです。しかし、両者は本質的には同一のものなのです。ですから、肯定的なものを否定的なものと呼び、逆に否定的なものを肯定的なものと呼ぶこともできるのです。

例えば債権と債務とは、二つの互いに別々な特殊な種類の財産ではありません。一方の人、債務者においては否定的なものが、他方の人、債権者においては肯定的なものなのです」(『小論理学』一一九節付録二)。

ここでは対立は、その奥にある同一性を示している。根拠はこうした同一性にまで深まっていく。

さらに、根拠として、肯定と否定という正反対のものが挙げられるようになる。

「同一の内容に対してそれを肯定する根拠と否定する根拠とが挙げられる」(『小論理学』

一二一節付録〕場合は、そこに矛盾があり、その関係が問われる。社会問題では、それは深刻な対立になる。

「たとえば盗みという行為を取上げてみますと、盗みというのはいろんな面をもった内容です。〔第一に〕それによって所有〔権〕が犯されるということ、しかし〔第二に〕困っていた盗人は盗みによって自己の欲求充足手段を手に入れるということ、更に〔第三に〕盗まれた人はその盗まれた物を正しく使っていなかった〔だから、その物にとっても盗人が使った方がよい〕という場合もありうること、などです。

〔これに対して〕ここでは所有〔権〕が犯されたということ〔根拠〕が決定的な点であって、他の根拠はこの根拠に劣るということは、たしかにそうでしょう。しかし、根拠の思考法則〔自身〕の中にはどの根拠を決定的とするかということは入っていないので〔あって、根拠律の立場ではどの根拠も同等なので〕す」(『小論理学』一二一節付録)。

ここでの複数の根拠は、相互に対立し、矛盾しあっている。この対立・矛盾は、人間社会における「所有」とは何か、の理解によってしか解決できない。それは人類史における所有の始まりから、近代社会の成立にまで関わってくるだろう。

しかし大切なことは、ここで矛盾に気づくことがなければ、その先には進めないということだ。

「根拠の思考法則〔自身〕の中にはどの根拠を決定的とするかということは入っていない」。

ここに根拠の限界の自覚が生まれている。このことが重要である。

さらに巨大な対立関係がある。

「例えば、無機的自然〔物質〕はたんに有機的なもの〔生物〕とは別のものと考えられるべきではなく、有機界の必然的な他者と考えられなければなりません。両者は本質的な相互関係の内にあるのであって、そのいずれもが、他者を自己から排斥し、しかもまさにその排斥することによってその他者に関係する関係の中でしか存在しえないのです。同じように、自然も又精神〔人間〕なしにはなく、精神〔人間〕も自然なしにはないのです」(『小論理学』一一九節付録二)。

ここには巨大な矛盾がある。自然から人間が生まれ、自然から精神が生まれる。その生成は、同一律や矛盾律からすれば、とんでもないことである。

(8) 矛盾の立場と思考の諸段階

以上の例を踏まえて考える時、存在の運動には対立から矛盾の関係への深まりがあり、それが認識の不十分さを自覚させ、その先へと認識を推し進めることが理解できる。

こうとらえるヘーゲルにとっては、矛盾とは世界の運動の核心であり、したがって矛盾は認識の上でも核心である。

「一般に世界を動かしてきたものは矛盾である。矛盾が考えられないというのは笑うべきことである」（『小論理学』一一九節付録）。

矛盾を中心に据え、すべての根底において考えようとするヘーゲルの基本的立場がここに宣言されたのである。しかも、悟性的な考え方の内部の対立と矛盾によってそれが崩壊する中から。

こうした矛盾による運動と、それによる矛盾の克服という展開、この関係の深まり、発展にしたがって、思考の諸段階をその順序に従って示すことが、ヘーゲルにとっての課題だった。「論理学の仕事とは、たんに表象されただけであるが故に、概念で捉えられておらず証明されてもいない観念を、自己規定しゆく思考の諸段階として示すことでして、それによってそれらの観念が概念で捉えられ証明されるのです」（『小論理学』一二一節付録）。

だから、ヘーゲルは、ライプニッツが充足理由（根拠）律（すべてのものはその十分な理由を持って存在する）を主張したことを、論理学全体の発展の中に位置づけようとする。

「ライプニッツが十分な根拠ということを主張したが、ライプニッツが主張した考え方は、概念的に認識することが求められている所でたんなる根拠を持出して事足れりとするような形式主義の正反対のものです。これについては、ライプニッツは作用因と目的因とを対置し、作用因にとどまっていないで目的因にまでつき進めと主張しました。この区別で考えると、例えば、光、暖かさ、湿りけは植物の成長の作用因ではあるが、目的因と見なさるべきではなく、この目的因は植物の概念自身にほかならないというようなことです」（『小論理学』一二一節付録）。

ヘーゲルは、作用因も目的因も、その他の根拠とともに、まずは根拠として取り上げ、その上で、作用因を本質論の中核に位置づけ、目的因を概念論の中核に位置付けていく。

実は、この矛盾による運動と、それによる矛盾の克服という展開は、ヘーゲルの論理学の最初から最後までを貫いている。この関係の深まりが、実は発展であり、その思考の諸段階をその序列に従って示すことが、ヘーゲルにとっての課題だったのである。

ヘーゲル哲学は、矛盾を根底に置いた哲学であり、それゆえに「弁証法」と呼ばれる。ちなみに、この矛盾による運動と、それによる矛盾の克服という方法を、認識の上での最大の武器としたのが、マルクス、エンゲルスの唯物弁証法であり、唯物史観であった。そしてその成果が、階級闘争の理論と社会主義社会の到来の必然性の証明である。その最終結論は間違いだったが、その認識方法の提示は人類への巨大な貢献である。

(9) 根拠の立場

矛盾の立場、発展の立場に対して、「根拠」にとどまり、先に進もうとしない態度が「根拠の立場」であり、それをヘーゲルは批判する。「根拠」そのものが問題なのではない。

人がすべての変化する現象の中にあって、永久に変わらないものを問題にし、現象の理由を問うこと、そこからすべてが始まるのである。その時、理由として挙げられるすべてがまずは、根拠として取り上げられる。すべては根拠の段階から始まる。

問題はそこにとどまるか否かだけである。

根拠の不十分さを最初から分かっている人はいない。その不十分さ、限界に気づき、それを克服していけるのは、何よりも、その不十分さ、限界が現れそれに気づかされるからなのである。どのように気づかされるのか。存在するものの、また根拠同士の区別の深まりによって、対立するものが根拠にされ、矛盾が起こるからである。

しかし、実際は、哲学や諸科学のほとんどは、根拠の立場にとどまっている。うすうすは問題に気づいているのだが、「もまた」によって誤魔化し、開き直るのである。

それが可能なのは、根拠の段階での真理の基準は、現象が説明できるか否かだけだからである。そして、みながそうしているからであり、それ以外の方法を知らないからであり、それを超える方法があるなどとは、夢にも思ったことがないからだ。

ところが、私たちはすでにそれを超える方法を知ってしまった。それがヘーゲル哲学である。それにも関わらず、根拠の立場で開き直るなら、それは当人の責任である。

⑽ 全世界は自己同一であり、自己区別の世界である

反省論で示された自己同一と自己区別とは、一般に比較が可能であることの根拠であり、同一律などの根拠なのだが、さらに根源的には、この世界に関係があること、すべての存在は相互に関係し、それらの複数の内的根拠もまた相互に関係しあうことの根拠になっている。私たちの世界では、すべての存在するものが相互に関係しあっており、それぞれはその関係の中で相互の本質を映し合っている。こうした関係を、ヘーゲルは「反省」とか、「反照」とかと呼び、これを本質論段階のすべてにおける運動としてとらえている。

反省というと、外面から内面に向かう内化の関係だけをさすように思うかもしれないが、ヘーゲルが言っているのは、すべての関係は本来は相互に本質を明らかにし合う「反省」「反照」の関係だということである。

この世界では、存在するすべては他者との関係の中にあり、その関係の中でその内的本質を表している。すべてのものは、すべてのものと関係し、そうした関係の中にすべての本質が現れている。関係とは、内的側面と外的側面との間だけではなく、外的側面の多様な存在同士の間にも、内的側面とされる本質の諸側面の間においてもあるのだ。すべてがすべてと関係している。これが私たちの眼前に展開する世界である。

その根拠は、すべては自己同一、自己区別の関係にあるということである。この世界は自己

同一、自己区別の世界であるから。

すべてのものは、すべてのものと関係し、そうした関係の中にすべての本質が現れている。しかし、もしそうした関係性だけが絶対的なものならば、そこからは相対主義、多様性の立場しか生まれないであろう。すべては、その相手次第、その関係次第で、変わってしまうことになるからだ。

ヘーゲルがめざしたのは、関係の中に、絶対的真理が確固として存在することを示すことだった。それは「この世界は自己同一、自己区別の世界である」ということからしか導き出せないだろう。しかし、このことはただちには、理解できないだろう。

これは、ヘーゲルの立場に立てば、神がこの世界を創造したというキリスト教の世界観からの結論なのであろう。しかし、生物学者の今西錦司著『生物の世界』のように一つの地球からその後のすべてが生まれたのだから、すべては一つであり、そして多様な世界でもある、という主張もあり、これならマルクス、エンゲルスの唯物論の立場からも受け入れられるのではないだろうか。

この世界のすべてのものは、すべてのものと関係している。すべてはそもそも同一のものだったからである。しかし同時に、分裂し、多様なものとなっているからでもある。そうした関係の中にすべての本質が現れている。外的世界と内的世界も、同一であり、区別でもあるからだ。

ここまでを、ヘーゲルとライプニッツは、同一と区別の規定からとらえている。

だから、最初からこの世界は一つであり、その一つが多様な世界になったのであり、それは一つの実体の多様な現れであり、必然的な関係がある世界に決まっているのだ。

以上がヘーゲルの本質論冒頭の反省論に書かれていることで、これが本質論全体への序論になっている。

ここでは、同一と区別を取り上げることで、形而上学による思考の三大法則を区別の差異、対立、矛盾の中に位置づけ、それによって形而上学と根拠の立場の不十分さを指摘し、その克服への道を示すことになっている。それは矛盾の立場からの批判と克服であった。

そして、根拠の深まりを、哲学や諸科学において実際に具体的に展開するのが、反省論の後に置かれる現象論であり、ラストに置かれる現実性論である。これが本質論段階での深まりであり、それを克服した概念論が続いていく。

(11) 本質論から存在論へ

ヘーゲルは形而上学と諸科学一般のカテゴリーを悟性レベルの認識として低くとらえ、それを超える理性レベルの認識を打ち立てることを使命としていた。しかも、低い理解に高い理解を、ただ対置するのではなく、低い理解が自己崩壊し、それを止揚する形で高い理解が生まれるように示そうとした。つまり発展として示そうとしたのである。

このために、本質論は、現象（現象論）を真ん中に置き、反省論、現象論、現実性論の三段階で展開した。

反省論とは矛盾論であるから、この展開は矛盾の潜在態（反省論）、矛盾の顕在した対立と矛盾の世界（現象論）、そして矛盾が止揚され、全体の契機となっている現実性論として展開したものと言える。

これは、矛盾によって運動が引き起こされ、矛盾はその過程で止揚され契機となり、発展の次の段階が生まれることを示したのである。

こうした矛盾のとらえ方、この展開方法が、ヘーゲル哲学の核心であり、これが論理学の始まりから終わりまでを支配している。

このようにとらえた時、本質論の前に置かれた存在論の意味、役割が理解できるのではないか。

本質論の世界とは、同一と区別による分裂の世界である。そこでは根底に区別（分裂）があり、それが対立・矛盾の運動を生んでいく。

こうした対立・矛盾の世界の前に置かれるべきは、分裂以前の世界であり、それは分裂のない同一の世界である。その同一の世界がその分裂によって、同一と区別の世界が生まれ、その分裂の世界の分裂、対立・矛盾が克服された世界が、次の概念論の世界になる。

分裂、対立・矛盾の世界は、発展のための避けられない過程である。その克服によってのみ発展が可能になるからだ。

さてこの三つの段階を、感覚と知覚の世界、思考の悟性の段階と、思考の理性の段階としてとらえる理解があるし、ヘーゲル自身もそうした説明をしている場合もあるのだが、それは悟性的な低い理解であろう。

存在の世界は、感覚と思考の分裂以前の段階としてとらえるべきなのではないか。したがって、存在論の運動を他者への移行、変化とすることにも、本来は無理がある。

存在論の段階では、他者はまだ存在せず、自己もまだ存在しない。したがって変化もなく、運動もない。

存在論の中に他者への移行、変化をとらえられるのは、あくまでも本質論の段階からの反省によってなのである。本質論にあって初めて、存在論の変化、運動がとらえられ、それに対して本質論の運動を、反省、反照としてとらえることができるのだ。

ヘーゲルは次のように述べている、

「一つの概念がすべてのものの実体を成しているので、本質の展開中に現われる諸規定は存在の展開中に現われるそれと同じものである。ただそれが反省した姿で現われるだけである」

（『小論理学』一一四節注釈）。

ヘーゲルはこう断ったうえで、存在論の存在と無が、本質論では肯定と否定となり、さらに同一性と区別となり、存在論の成は、本質論では根拠となり、根拠から捉え直された定存在が現出存在であるとする。

存在論が反省したのが本質論なのだから、存在論のカテゴリーが反省したものが本質論のカテゴリーとなる。本質論に現れて来るカテゴリーはすべて存在論に内在していたものであり、それが本質論のレベルに止揚されたものだと言うのである。

存在論の存在→無→生成→定存在が、本質論では同一→区別→根拠→現出存在へと深められた。しかし、実際にヘーゲルが行ったことは、存在論の冒頭と本質論の冒頭を相互に関係づけられるように、並行して考えていったのだろう。

もちろん、論理学で取り上げるべきカテゴリーをすべて挙げ、それを論理学全体のどこに位置付けるかは常に考えていたのだろう。そしてそれを存在論、本質論、概念論と大きく三段階に分けることが全体を決める大枠であり、その全体から部分が整えられていったのだろう。

存在論そのものの論理は、存在論の内部からは出てこない。あくまでも、ヘーゲルによって、本質論、概念論の立場から、結果から逆に明らかにされたものなのだ。だから存在論においての説明では、ヘーゲルは常に「私たち〔理性の立場の哲学者〕にとっては」と断ることになる。その限りでは、それは外的な反省なのである。

しかし、ここから存在論は意義が低いという結論は出ない。むしろ逆で、本質論のとらえ方は、すでに存在論の中に埋め込まれ、説明されており、その上に本質論と概念論が展開され、理解されるようになっている。

それだけに存在論は難しいのだが、そこに論理学の始まりがあり、発展という運動の始まりの論理がある。

それが、存在論冒頭におかれる「生成」であり、そこから生まれる「変化」の運動である。

発展とは、存在論の変化の運動と、本質論の反省、反照の運動の統一として、設定されているのだから、すべては存在論の変化から始まるのである。

第2章　存在論における「変化」
——存在とは何か、変化とは何か

⑴ 潜在的（an sich）なあり方と止揚

「発展とは本質に帰るような変化のこと」。

もし、こう考えるならば、発展以前に変化がなければならず、発展の前提は変化であることがわかる。本質に帰るか否かは、変化があって初めて問題になるからだ。発展を理解する以前に、この「変化」を理解することが難しいのである。

ヘーゲルの時代の発展観の課題は何だったのだろうか。ヘーゲル自身が、哲学史の上では発展の理解には二種類あったと説明している。量的発展観と質的発展観とである（『小論理学』一六一節付録）。

これは、AからBが出てきた時、つまりAがBへと変化した時、BはAの中にどのような仕方で含まれていたのかという問題である。

量的な説明では、Bは目に見えない小さな形ではあるが、ともかくそのままの姿でAの中に含まれていた、と考える。これを箱詰めの仮説と言う。

それに対して質的な発展観ではBはAの中に潜在的（an sich アンジッヒ）な形で存在していた、と考える。

今では、前者の量的な説明はいかにもバカげていると思うし、笑ってしまうが、当時はこれは大問題だっただろう。なぜなら、質的な理解には難問があるからだ。それが「an sich な形で存在する」ということの理解だ。これは、存在するけれど、存在しないという矛盾だからである。この矛盾を解決できなければ、量的な理解に立つしかない。

そして、もし量的な理解に立つのなら、それはそもそも発展を認めないことになるだろう。なぜなら発展につながる変化とは質の変化のことだからであり、そして質の変化がなければ、発展もありえない。

ヘーゲルは、存在するものには二つのあり方があることを示そうとした。一つは実際に実在する存在であり、それは感覚器官で直接とらえられる。これを「実在性」と呼ぶ。もう一つは実在はしないが、その内部に可能性として潜在的（an sich）に含まれるという形で存在する。可能性だから実在はしていないが、それが後に実在するようになり、それは感覚で確認される。そこから、それが最初から可能性としては存在していたことがわかる。これは感覚ではとらえられず、あくまでも、思考によって間接的に理解するものである。実在性に対して、これをヘーゲルは「観念性」と呼ぶ。

しかし、この説明だけでは「AからBが出てきた時、BはAの中にどのような仕方で含まれていたのか」に答えたに過ぎない。そもそもなぜ変化は起こるのか、変化とはどういう運動なのか、なぜ「実在性」と「観念性」との分裂が起こるのか。こうしたことがわからない。

なお、実在性と観念性との関係についてだが、実在性を観念性に変えること、つまり観念化することを、ヘーゲルは「止揚」と呼ぶ。そして、観念性にかえられた実在性を「契機」とよび、一つ上のレベルの「契機となった」と表現する。この「止揚」は、ヘーゲル哲学にあって重要な言葉である。

ドイツ語としての止揚（aufheben）という語には、二つの正反対の意味がある。第一に、取り除くこと、否定することである。第二に、保存することである（『小論理学』九六節付録）。そしてこの二つの意味を含み持つドイツ語の中に、ヘーゲルは第三の意味を読み取る。それが「否定して、より高いレベルの中にその契機として保存する」という意味であり、これがヘーゲルの止揚である。

ヘーゲルを読んでいて感心するのは、普通の日常的なドイツ語の中に、ドイツ民族の知恵を読み取り、それを自分の哲学の根本として据えていこうとする姿勢である。ヘーゲルは自分の基本の用語のために、難しい専門用語を造語したりしない。ごくごく普通の日常語を、自分の哲学の核心部分で使用する。論理学の最終段階の絶対理念の方法とは、「始まり」（der Anfang）と「中」（der Fortgang）「終わり」（das Ende）である（「始原」「進展」「終局」といった大げさな用語ではない）。この発展の三段階は、an sich、füer sich、an und füer sich としても表現されるが、この三語はあまりにも普通のドイツ語でしかない。こうした用語の選択に、ドイツ語を深め、発展させようとするヘーゲルの意志を感ずる。

なお、牧野紀之はこうしたヘーゲルの姿勢を継承しようとして、「生活のなかの哲学」をめざすことになった。

(2) ヘーゲルの始元論

なぜ、発展における変化が量でなく質の変化なのか、質における実在性と観念性、止揚とは何なのか。これらを考えるには、ヘーゲルの存在論の展開を考えなければならない。

ヘーゲル論理学の存在論は、質論、量論、度量論の三段階からなるが、質→量→度量と展開される。しかし、どうしてこの順番になるのだろうか。

私がヘーゲルの論理学を学び始めた頃、その存在論の展開が質から量であり、量から質ではないことに奇異を感じた。ストンと腹に落ちない。納得がいかない。

物事を考える時、質も量も大切だが、質の方が根底的で重要だと思っていた。そして大切なものは、ラストか終わりの方に来るのが普通だ。ところが、ヘーゲルでは質が一番始めにあり、次に来るのが量である。これはおかしい、納得できない。

ヘーゲルには、有名な始元論（「始まり」とは何か）がある。

ヘーゲルは科学は全体を示さなければならず、それは体系性（論理必然性）を持たねばならないと考える。それは何がどう展開されるかにかかっている。何から始めて、何がどう展開され、何が終わりに来るのか。

これを理解するには、発展の理解が前提になる。科学が全体を示し、体系性を持たねばならないのは、なぜか。対象が発展によるものであり、その認識も発展としての認識でなければならず、それについての叙述も発展としての叙述になるべきだからである。

ヘーゲルは、発展を終わりが始まりにもどる円環としてとらえるから、始まりと終わりが決定的に重要になる。

終わりとは、始まりにあった可能性のすべてが外化し実現した地点であるから、始まりによって決められる。したがって始まりがすべてを決めると言える。もっとも、終わりは始まりに戻るのだから、始まりは終わりによって決まると言っても良いのだ。終わりは始まりであり、始まりは終わりである。

したがって、すべては始まり（＝終わり）に凝縮される。だから、始まりを何から始めるべきかが重要であり、それを問題にする始元論が大論理学の冒頭におかれて有名になっている。

始まりは始まりなのだから、第一に直接的に存在するものでなければならない。しかし、発展の立場からは、始まりは直接的に存在すると同時に、その後のすべてを内に含んでおり、そこから後のすべてが導出されなければならない。「始まり」は自分以外のすべてを止揚して含み持ち、自分以外のすべてを自己から導出することができるものである。この条件を満たすものが最初に置かれるべきだと考える。これが始元論におけるヘーゲルの回答である。

始まり（第一の点）はそこに止まっていては始まりにならず、そこから何か（第二の点）が生まれて初めて、始まりなのである。だから始まりでは「直接性」と「媒介性（間接性）」が結びついている。「媒介とはある点から始まって第二の点に進んでいったということ」（『小論理学』第一二四節注釈）だからだ。また、最初からこうした媒介の運動がここにあり、始まりはすべての前提（Voraussetzen 前もって置くこと）でありながらも、そこから生まれるものによって否定され、前提を否定することで第二の点が生まれる。前提とはそこから生まれるものによって否定され、つまり定立される（置くこと Setzen）とヘーゲルは言う。前もって置かれていたものは、逆に後のものによって置かれていたものなのだ、と言うのだ。始まりは終わりによって決まるのだ。

では論理学は何から始めるべきか。

ヘーゲルの答えは、まずは「存在論」である。直接に存在するのは存在論であることは決まっているが、発展から考えても、本質論の前に存在論が必要になることはすでに説明した。そして、次に存在論の内部では「質」であり、次が「量」であり、その両者の統合が「度量」である。

この質と量との順番はどうして決まるのか。どちらがどちらを止揚しているかで決まる。止揚される方が前にあり、それを止揚する方が後に来る。それが発展の論理的順番だからである。問題は発展としての順番だけであり、それですべてが決まる。

だから「始まり」は自分以外のすべてを止揚して含み持ち、自分以外のすべてを自己から導出することができるものである、ということになるのだ。

これがヘーゲルの始元（始まり）の基準なのである。そして、ヘーゲルは、この基準ですべてを考え、その序列を決めて、並べようとしたのである。

質と量とを、止揚の関係で考えれば、答えは出る。質から量である。逆ではない。私はこのことに気づいた時に、初めて納得がいったのである。

そして、今問題にしている変化の順番も、同じであり、質の変化から量の変化、度量の変化になる。

ヘーゲル論理学の存在論は、質→量→度量と展開されるが、変化の説明は、当然ながら「質」

論で行っている。変化とは存在論の「質」論を支配しており、「質」論を止揚していく「量」論でも、「度量」論でも、その基底に存在する。だから量も度量も変化するし、存在論の運動を変化だと言えるわけである。

ではなぜ、質は変化するのか。それを考えるためには、質とは何かを考えねばならず、それは存在論の質論の内部の展開を考えることになり、それはヘーゲルの始元論をさらに突き詰めていくことになる。

ヘーゲルは、存在論の最初、それは質論の最初になるが、そこに「純粋存在」を置き、次に「無」を置き、両者の矛盾からその統一として「生成」を導出している。始原論ではその説明をあれこれしているが、ヘーゲルの本音としては、始まりに「生成」を考えており、そこから逆算して「(純粋）存在」と「無」を置いていると思われる。

重要なのは「生成」(das Werden）なのである。発展の立場からは、始まりにすでに運動の芽がなければならない。そこから他のすべての運動（変化、反省、発展）が導出できるようにするためだ。だから最初に来るのは「生成」の運動である。

「生成」とは、「生まれる」(das Entstehen）ことだけではなく、「消滅する」(das Vergehen）ことも合わせた言葉である。一方では生まれ、他方では滅びる。それは「始まり」と「終わり」を端的に示しているが、発展とはまさに「始まり」と「終わり」の二点を持った円環運動なのである。こうした「生成」にはすでに発展の芽が確かな形で存在する。「生まれる」と「消滅する」からなる生成は、無と存在を自らの契機として持っていなければならない。つまり、生成はすでに無と存在を止揚していなければならない。止揚して契機となっていないものが、現れてくるはずがないからだ。

そこで始まりは生成ではなく、無と存在でなければならないことになる。その両者の止揚として生成があるのなら、運動は保障される。対立、矛盾から運動が生まれる（本質論の反省論）は、この「始まり」から始まっているのだ。

さて、始まりが無と存在ならば、この二つの順番は、存在から無となる。なぜか。直接に、無媒介に（止揚されることなく）存在するのは、存在であって無ではない。無は存在の否定から生まれるもので、直接的な存在ではないからだ。

さらに一般的に言えば、ヘーゲルの発展観では、発展は分裂以前のすべてが一体の状態から始まり、それが否定され分裂し、その分裂が統合されることによって、上の段階に進む。したがって、最初に置かれるのは無とはできず、存在であり、その否定として無を出すしかできない。こうして始まりは純粋存在となり、それが転化して無が現われ、両者の止揚として生成を導出した。この生成によって、世界にはさまざまな存在が存在し、また消滅する。

以上がヘーゲルの考えだと推測する。ヘーゲルが純粋存在と無を「観念」と呼び、初めての「概念」としては「生成」を挙げていることは、その傍証である。

さて、生成によって存在の運動を説明できるようになっていることが重要である。世界に何かが存在し、それが消滅し、また生まれていく。その中から発展するものが現れて来る。これは事実なのであり、私たち皆が、日々、確認していることである。したがってそれが説明できるかどうかが問われているのである。

ヘーゲルは、次に生成の結果から「変化」を説明する。それは「終わり」の説明であるが、それはそのままに「始まり」の説明でもある。「生成」には存在と無の運動が契機としての含まれており、それが始まりと終わりを形成し、それが変化となるのである。

(3) 規定とその限界、制限、当為

ヘーゲル論理学の存在論は、質→量→程度と展開され、変化の説明は、当然ながら「質」論で行っている。「質」論の始まりは、純粋存在と無であり、そこから「生成」が起こり、生成するのは何らかの質であり、その質と一体となった「定存在」(何か、何らかのもの、ある対象)が現われる。ヘーゲルは、この定存在から変化を説明する。それが限界、制限、当為の考えであり、それらが止揚されると独立存在が現れてくる。

ある対象が生まれて存在するとは、自らの内容、つまり質を持つことである。質を持つとは

ことであり、それは規定の内容という限界（自己を否定するもの＝終わり）を持つことである。規定とは、その規定の外に他者を持つことに他ならない。自己の限界とは、自分の外に存在する他者によって決まる。存在するとは自己の外に他者を持つことに他ならない。その自己と他者との境界が限界であり、自分という存在の範囲は、他者に規定される。

しかし、この他者とは、実は自己の規定の内に an sich（潜在的）には含まれている、つまりそれもまた自己である。

自分とは自己の規定を持つことだが、規定は他者という限界によって成立する。しかし他者に見えるものは、自己という存在の限界が、外化したものでしかない。だから限界を超えて、他者に変化することが可能なのだ。可能性は実現する。自己がその限界を超えた時には、他者へと変化する。それが可能なのは、その他者が自己内に存在したからである。

例えば生物が死ぬのは、死が生の中に最初から含みこまれていたからである。それが生なのである。

ヘーゲルは、存在するものが自らの限界を超える運動を起こす時、限界とともにその限界を超えたあり方（「当為」と呼ぶ）の両者が存在し、当為によって限界は「制限」となると考え、その時、その制限は必然的にその制限を超える運動（当為の実現）を生むととらえた。

存在するすべてのものには限界があり、その限界には常に、その制限と当為（制限を超える）の両契機が含まれている。そして、それゆえに、すべての存在には、自らの限界を超える必然性がある。

以上がヘーゲルが喝破した変化の説明である。この論理とそれをマルクスが資本主義社会がそれ以前の封建制社会から生まれた状況の説明に応用していることは、許万元が『ヘーゲル弁証法の本質』で明らかにした。

普通には、人間に対して問題にする「当為」という言葉を、ヘーゲルが他の存在すべてにまで押し広げて使用していることには驚くが、人間の当為の根源を、そもそもの最初の段階、すべての存在における限界を制限とする運動に求めたのである。ヘーゲルには、マルクスの意味での唯物論的な考え方があちこちに散見されるが、ここにもそれがあると思う。

もちろん、人間は他とは違う。人間だけは、その変化を意識が媒介するからである。したがって、その限界があるだけではそれを超えられない。その限界をしっかりと意識しなければならない。例えば、根拠の立場に限界を感じない人は、そこにいつづけるのである。

ヘーゲルは、以上のように変化が起こる原理を説明する。しかしこれはあくまでも変化の説明であった。変化と発展とは違う。変化のすべてが発展ではない。変化には発展する変化と、発展ではない変化、さらには発展の逆の堕落や退歩などの変化すらある。

では、変化と発展の違いは、存在論ではどうとらえられ、位置づけられるのだろうか。

それは、定存在と独立存在の違いとして位置づけられる。

(4) 定存在と独立存在

存在するということは、ある質（規定）を持っていることである。質と一体になっていることの段階を、ヘーゲルは定存在（Dasein）と呼ぶ。

定存在とは、存在するもの一般であり、実在性を持ち、人間はそれを感覚でとらえることができる。実在性とは、存在の質から生まれる。しかし、質を持つものは、それゆえに変化し、消滅する有限なものである。

定存在は変化する。自己内の他者による限界を超え、他者へと変化する。しかし変化して現れる他者もまた定存在であり、また次の定存在へと変化する。この変化の運動は、無限に繰り返されていく。ヘーゲルはこれを「悪無限」と呼び、世間ではそれを「諸行無常」と呼ぶ。

定存在の変化は、無限に繰り返されていく。しかし、その運動によって、その無限に多様な質が、一つの中心の下に止揚され、その全体の契機となる段階がある。それが独立存在（Für-sichsein）である。

独立存在とは、「一者」であり、一つの中心「自己」があり、単独に存在し、自分だけに関係する存在である。つまり、他者、多数の質を「止揚」して、観念化した形（「契機」）で自己内に含み持つ。ここに観念性があり、それは特定の実在性を止揚し、観念化したものである。

独立存在では自己が自己の外の他者になる変化は存在しない。すべては自己運動であり、自己が自己を生み、その自己によって自己実現していき、それがまた自己に戻るという運動、自己がより深い自己になる運動であり、これが発展である。ヘーゲルはここに人間の自由の可能性の芽をみる。ヘーゲルの「他者のうちで自己のもとにある」という自由のあり方が実現しているからである。

独立存在にとっては自己が中心であり、自己保存が目的である。

独立存在の実例は、自然界の生物一般であり、人間もまずはその中に含まれる。生物は自己が中心であり、自己保存を目的に、物質代謝を繰り返し他者を自己の契機とすることで生きる。これに対して、定存在の実例は自然界の物質である。

ヘーゲルは、自然界の生物にのみ発展を認めるのだが、それはこの違いを意識してのことであろう。

独立存在は存在論の段階に位置づけられているのだが、独立存在に現れた「一者」と「契機」の関係は、本質論においては、総体性（総体と契機の関係）として深められていく。それはまずは根拠であり、最後は実体、現実性となる。さらにそれは概念論の段階では概念に、さらに理念になっていく。

⑸ドングリと樫の木

この定存在と独立存在の違い、実在性と観念性の違いを、ドングリと樫の木の例で確認しよう。（三六頁参照）

ドングリから根、芽、茎や枝が現われ、それが樫の木となって花をつけ、たくさんの実（ドングリ）が実る以上、それらのすべてはドングリの中に an sich（潜在的）な形で可能性として存在していたことになる。そしてその可能性は、ドングリが成長・発展していく過程で、外に実現していく。それは私たちが目で見て確認することができる。

これを他者による制限と他者への変化という観点で見れば、次のようになる。

ドングリ（定存在）は実在する。そのドングリという規定（質）は、他者（樫の木であり、その部分である根、芽、茎、枝、花）によって限界づけられていた。しかし、その限界はドングリの中に潜在的に存在する。他者（根、芽、茎、枝、花、実）という当為によって、次々と乗り越えられ変化していく。最後に、それは全体としての樫の木として実在することで完成する。ドングリは自らを an sich に限界づけていた他者の総体（樫の木）に変化したのである。

しかしここまでだけなら、定存在の変化一般と同じである。

これが発展でもある、つまり樫の木（ドングリ）が発展であり、独立存在であるとはどういうことか。それは、終りが始まりに帰るということである。

樫の木から、新たなドングリが生まれ、そこから次の樫の木が生い茂るようになる。この新たなドングリが独立存在なのである。

樫の木から生まれるドングリの中に、樫の木の要素として実在していた、根、芽、茎や枝、花などのすべてが、再び可能性として含まれている。定存在として実在していた根、芽、茎、枝、花、実が、全体（ドングリ）の契機として止揚されている。これがドングリという独立存在の中にある観念性である。そしてその観念性が外化する可能性は、そのドングリの実が発芽して新たな樫の木が生い茂ることで実現していくのだ。

この独立存在のドングリから見れば、この運動は自己運動でしかない。他者に見えるものはすべてが自己でしかないからだ。

なお、この過程で、ドングリ以外にも、大樹に育った樫の木を独立存在としてとらえることもできる。

そこには樫の木という一つの全体が現われ、定存在であったドングリ、根、芽、茎、枝、花のそれぞれは実在する存在であるが、樫の木という全体の契機として止揚されている。これが定存在の実在性に対する樫の木という独立存在の持つ観念性である。

ドングリではドングリ以外はすべて観念性であり実在していないのに対して、樫の木ではすべての要素も実在しているが、それらは樫の木という全体の契機として実在している。

このように発展のとらえ方には二種類がある。一つはドングリからまたドングリへと戻る円環運動とする過程的なとらえ方であり、もう一つはその過程におけるそれぞれの段階における全体像（総体性）をとらえる方法とである。大樹に育った樫の木を完成として、独立存在としてとらえるのは後者である。

後者は前者を止揚している、その過程の一つ一つの段階がすべて自らの契機となっている。逆に、後者を解体すれば、前者になる。後者の契機になっているものの一つ一つがすべて、その過程の一つ一つの段階となっている。

この両者は、同じ発展の二つの側面でしかない。発展の過程と、その成果の総体である。

(6) 発展の三段階からなる構造

このドングリの例で考えると、発展の原型、つまり三段階からなる構造が、あざやかに見えてくる。

最初は一つのドングリであり分裂がない。それが自己分裂し多様な差異が展開する。それが最後にはまた一つのドングリに統一される。

ヘーゲルはこの三段階のそれぞれを、an sich と für sich、最後はこの二つの統一だから、an und für sich と表現する。

an sich の元々の意味は、自己に接していること。それに対して、für sich は、自己と向き合っている、対峙しているということである。これをヘーゲルは発展の三段階を表現するために使用した。

この三段階は、同一と区別による発展の三段階と同じである。

この三段階から、逆に理解すると、ヘーゲルの an sich　は「潜在的」「可能的」「内的な」という以外に「本質的」「本来的」という意味を持つ。für sich は、「顕在的」「外化」「実現された」という以外に、「自覚的」「独立している」といった意味になる（以上は牧野紀之の説明を踏襲している）。これらがヘーゲルの発展観を表現する重要な言葉となっている。

この段階で、「止揚」される、「観念性」とされる（観念化される）、「契機」となる、などの表現はすべて同じ事態を意味する。

(7) ヘーゲルの観念論

ヘーゲルは自らの発展の立場を、観念論、さらには絶対的観念論と自称する。それは、何物もその自立性、独立性を許さず、それを観念化し、自らの契機として止揚する立場だからである。

このヘーゲルの観念、観念論の意味と、後にマルクスやエンゲルスが唯物論との対比でヘーゲル哲学を観念論であると批判した際の意味とは違うことに注意されたし。なお、ヘーゲルの意味でなら、マルクスもエンゲルスも立派な観念論者である。否、すべての人間は観念論者として生きていることになる。

マルクスたちは、存在の運動と認識の運動との関係、存在と思考、観念との関係を問題にし、世界の実体は物質か観念か、物質と観念のどちらが根源的で、どちらが派生的か、という問いを立て、物質の根源性を主張するのを唯物論、その反対を観念論とした。そしてヘーゲル哲学を観念論として批判した。それはヘーゲルが「観念性」を思考の機能としてのみ理解し、観念として思考に止揚された形だけが実在するとした、と前提しているのである。

ところがヘーゲルは、「動物ですら観念論者だ」と言う。動物は何かを食べ、消化し、自分の体の一部としているからだ。食べたものの自立性、独立性は奪われ、その動物の一部に、契機になっている。ヘーゲルは「観念性」という言葉をここまで広げてとらえようとしている。

この動物の消化の機能がもう一つ上のレベルに高まった能力として、人間の思考をとらえるのが、ヘーゲルである。思考も外界の対象の自立性を奪い、思考の内に認識の契機として吸収してしまう。

こうした関係づけに、ヘーゲルの唯物論的（マルクスやエンゲルスの意味）な側面がある。動物と人間、食べる行為と思考とは地続きである、つまり発展である。ここからも、マルクスやエンゲルスの意味で、ヘーゲルを観念論者とするのには無理があることがわかるのではないか。

第3章　本質論の現実性論

(1) 存在論から本質論へ、独立存在から総体性へ

存在するものが、その直接的なあり方、現れ方をする段階、それが存在論である。それはすべての始まりであり、大前提である。

存在するものの世界は、普通には現象と呼ばれるのだが、ヘーゲル論理学では、現象は本質論の中の第二の段階「現象」論の中で出てくる。存在論で取り上げられたすべては、本質論の段階では分裂して、内化（自己内反省）した根拠と、その根拠が外化したものである仮象として二重化される（これが反省論）。次にその仮象が根拠からとらえ直される段階が現象である。だから、ヘーゲルにあっては現象は本質論の中に置かれるのである。

本質論は、冒頭の反省論で根拠の立場の不十分さを説明し、その不十分さの克服の過程として、現象論と現実性論が展開されることはすでに説明した。

存在論では変化の原理が説明されるが、変化が可能な理由は存在には実在性と観念性の二種

類があるからであった。そして変化と発展の違いは、定存在と独立存在の違いにあり、その根底には実在性と観念性の違い、止揚の関係があることを理解した。

この定存在と独立存在の違いは、本質論では全体性と総体性の違いとして、つまり全体と部分の関係に対する、総体と契機の関係の違いとして現れてくる。

この違いを考えることによって、本質論の現象論から現実性論への展開の意味を理解することができる。それは全体性と総体性の違いに対応し、その展開は総体と契機の関係への深まりなのである。根拠の不十分さとは、結局は総体性としての関係に至っていないという不十分さなのであり、それは根拠→現象→現実性へと深まっていく。それがそのままに真理認識の深まりになる。

(2) 全体と部分、総体と契機

現象論と現実性論では、諸科学の本質認識が問われているが、現象論では、まずは、現象の部分ではなく全体をとらえようとする。全体をとらえなければ、その本質認識が深まらないからである(「真理は全体である」『精神現象学』序文)。

そこで全体と部分の関係が問題になる。

全体と部分の関係では、全体は部分からなり、部分が集まったものが全体であり、その全体を分けていくときに、その区別された一つ一つがその全体の部分である。

この全体と部分の関係には、二つのレベルがある。

一つは、その部分がそれぞれ自立し、独立している関係になっている段階。そこでは当然、部分は全体に対しても一定の自立性を持つ。そして部分を全部足し合わせたものが全体となる。これが全体と部分についての普通の理解である。

こうした、相互に自立し、独立している関係（悪く言えば、相互にバラバラの関係）を、ヘーゲルは相互外在性（時間的には継起性、空間的には並存性）と呼び、存在論レベルの本質とする。つまり一般に物質世界の本質である。こうしたとらえ方の場合、ヘーゲルは全体 der Ganze と 部分 der Teil と呼んでいる。この関係は本質論では現象論の段階の「本質的関係」に位置づけられている。

しかし、もう一つ上のレベルの関係がある。部分は全体から離れては存在できず、あくまでも全体の部分としてのみ存在する段階。部分は全体の部分であり、両者は全体とその契機としてとらえられる。この関係をヘーゲルは「総体」（「統体」とも訳される）die Totalität と「契機」der Moment の関係と呼び、その関係を総体性と呼ぶ。これは生命、生物の本質である。だから、この総体性をとらえる立場を「有機体論的立場」と呼ぶ。一つの中心、自己を持ち、自己保存という目的（合目的性）が明確に現れる。

ここでは部分は、全体の契機として全体に止揚される。部分が部分の自立性や独立性を奪われ、全体の部分としてのみ存在する。全体の契機となること、これをヘーゲルは存在論の独立存在ですでに止揚、観念化としてとらえていた。それが本質論では総体と契機の関係として現れるのである。

以上説明した全体性と総体性のレベルの違いが、本質論の現象論と現実性論の違いとして現れていく。

(3) 本質論の現象論と現実性論

存在するものが根拠からとらえ直された時、それが現象世界として現れる。これが「現象論」の段階であり、私たちの普通の意識に現れている世界である。

現象世界は、存在論の世界が、本質論においてその内的根拠(本質)に媒介されて現れたものである。ここで現れる本質は、法則としてとらえられる。現象世界は多様に変化する世界だが、その中に変わらない本質、固定した本質としてとらえられたのが「法則」である。

現象論では、現象の部分ではなく全体をとらえようとする。そうしてとらえられた全体における機械的で力学的な関係を、原因と結果の因果関係で、つまり「力と発現」の関係でとらえ、現象の内的本質として定式化されたものが法則である。ここでとらえられる法則とは、変わることのない同一性として現れるものであり、だからこそ法則として定式化し、実際に有効なのである。

自然科学では物理学の落下の法則、慣性の法則、エネルギー保存の法則などがその典型的な例であり、生物学でもそうした立場から見ていく段階があり、社会科学においてもそうした立場がある。

もちろん、変わらない関係といっても、ある現象にはそうした関係が複数あるし、それらの関係も問題になる。だからそこでは関係の全体が常に問われ、その相互関係も問われる。しかし、そこでは基本的に部分は「もまた」で足しあわされて、全体を構成していく。関係そのものは変わることはないのである。

これに対して、関係そのものがどのように生まれてきて、どうなっていくのか、関係そのものの変化、発展が問われるのが、「現実性論」の段階である。そこでは諸関係の全体が問われる。これは、実体とその展開として世界の全体をとらえようとする段階である。そしてこれが完成すると、総体と契機としてとらえられた全体が明らかになり、その全体を貫く一つの実体が明らかになる。これが現実（性）なのであるが、ここにあるのは発展そのもののあり方である。ここでは一つの実体が全世界の運動の中で自らを貫き、自己を自己が実現していく自己運動、つまり発展として現れるのだ。

ヘーゲルは、現象論の「本質的関係」として、全体と部分、力と発現、内と外の関係の三つを挙げる。この三つの関係は、根拠の発展、深まり、つまり全体と部分の関係から総体と契機との関係への展開としてとらえることができる。

(4) 現実性論

(a) 可能性の実現

現実性論は、本質論の三段階のラストに置かれ、全体として発展とは何かを説明している段階で、重要である。

現実性論は、大きくは前半と後半に分かれる。前半が可能性→現実性への転化、変化の説明だが、ここで可能性、偶然性、必然性、現実性の四つのカテゴリーが説明される。

後半は、前半の説明を「絶対的関係」（実体、原因結果の因果関係、相互関係）からとらえ直すものである。

前半は可能性→現実性への転化、実現の説明であるが、ここでそれまでの存在論から本質論の現象論までが、現実性の立場から捉えなおされ、発展の外化の側面として説明される。

現実性論での始まりに位置づけられる可能性とは、本質論では根拠のことであるが、根拠に止揚された存在のことでもある。

存在するものは、ただそこに在るという偶然性としてまず現れる。それがすべての大前提である。

存在するものが変化するのは、その存在するものの中に他者がan sichに可能性として存在しており、それが外化したからだった。

つまり存在するものは、最初から可能性としては変化するものなのであり、だからそれは実際に変化する。ただし、変化するか否かは、まだ偶然的である。

ここまでは変化一般の説明であり、それは存在論の段階である。

その変化が、本質に帰るような場合が発展である。

その場合には、存在するものは変化の中で自らの根拠（本質）に戻る。存在するものはその根拠からとらえなおされる。

ここではすべてが相互に関係しあっている。AとBがある時、AもBも相手との関係の中で理解できる。自己に反省すると同時に他者に反省し、相互に根拠と根拠づけられるものとして関係する。相手によって初めて自分の存在を持つ。この関係が「反省」「反照」であった。

これが現象論の段階であり、この時、根拠は仮象と根拠の統一として、同一と区別の統一として、つまり総体性として現われている。

この根拠は、存在論の段階の偶然性と可能性を止揚している。根拠は偶然性を持ち、その媒介は偶然的なものなのだから、それが根拠の立場の不十分さとして現れる。しかし、その限界を制限として必然性へと深まる可能性もまた持っているのである。

可能性は実現されるが、そこで生まれた現実は、自らの根拠（本質）に戻ったもの、根拠の実現、必然的なものになっている。これがヘーゲルの現実性、現実というカテゴリーの意味である。そしてそれは、偶然性に支配される根拠の立場から、必然的な根拠へと深まっていく段階である。これは現象世界の諸関係の全体が必然的な関係へと深まっていく段階のことである。

以上に説明した三段階、つまり存在論段階の止揚（反省論段階の根拠）、本質論の現象論段階、そして現実性論の段階の三つが、ヘーゲルが大論理学の現実性論で、必然性を以下の三段階で説明することに対応しているのだろう。

形式的必然性　偶然性　可能性

実在的必然性　相対的必然性　偶然性を媒介として実現する

絶対的必然性　条件や根拠を自己内に持つ＝絶対的現実性

(b) 実体への反省

現実性論の後半は、この発展の外化の運動の過程を、「絶対的関係」（実体、原因・結果の因果関係、相互関係）からとらえ直し、一つの実体への反省として、内化の運動として示そうとする。それは発展を、一つの実体が発展する運動として、外化と内化の運動として示そうとしているのである。

根拠が、部分的な根拠から、全世界の根拠、ただ一つの根拠（実体）へと深まっていく時に、諸関係の必然性は深まり、真の現実が、真の現実性が実現する。この現実は世界のただ一つの実体が実際に実在するという関係なのである。ヘーゲルにとって、現実とは実体の直接の現われなのであり、ここに必然性は完成する。

ヘーゲルは、現実性を、絶対者そのもの、絶対者が自己開示したものとしてとらえている。一つの究極の実体が自己を産出していく運動、自己の自己媒介による自己実現である。だからそれは単なる実体ではなく主体としての実体であり、それは総体性の完成であり、世界は一元論的に運動し、一つの究極の目的を実現させようとする。

「発展とは本質に帰るような変化のこと」の本当の意味が、ここで明らかにされる。ただし、それは端的に分かりやすくまとめたものにはなっていない。

なお、ここでの原因・結果の因果関係や相互関係とは、普通の意味とは一致しない。普通の意味での因果関係や相互関係は、ヘーゲルの本質論ではまずは根拠と仮象との関係であり、現象論においては、本質的関係の力と発現、内と外の関係のとらえかたである。

それらの本当の意味、その本当の根拠（実体のこと）が明らかになるのが、この現実性の段階なのである。

実体が、この現実世界の究極の根拠となる。

原因・結果とは、根拠から外化し、根拠に内化する運動である。一つの実体から、他のすべてが外化し、すべてが内化し、その根拠として実体を持つことを示す運動のことである。ここでの原因（Ursache）とは根源的な実体のこと、究極原因のことを指している。

そして、相互関係とは、その外化と内化が統合されてとらえられること、その前進がそのまま背進になっていること、つまりそれは発展の運動のことである。

(c) 必然性とは何か

存在するものをその根拠から捉えようとする段階が、本質論の段階である。それは世界を、その根拠、つまり必然性からとらえようとすることに他ならない。したがって、実体への深まりは、そのまま必然性の深まりである。

こうした必然性は普通は偶然性と対置され、また自由と対置される。ヘーゲルでもそれは変らない。

偶然性→必然性→自由
必然性そのものについては、ヘーゲルは必然性を二つまたは三つに分けて説明する。

外的必然性と内的必然性が良く出される対であるが、大論理学では形式的必然性、実在的必然性（相対的必然性）、絶対的必然性と展開する。

形式的必然性　偶然性　可能性
実在的必然性　相対的必然性　偶然性を媒介として実現する
絶対的必然性　条件や根拠を自己内に持つ＝絶対的現実性

しかし、これらの区別と関係を、固定的に考えるのではなく、相対的な段階の違いとして理解しておくのが良いと思う。世間では、偶然性、必然性、自由を、固定的に悟性的にとらえている。ヘーゲルもそれに一応合わせているのだが、それは世間の考え方を根底からひっくり返すためである。

ヘーゲルにとっては、必然性とは、必然性それ自体が発展するもので、一つの必然性が深まっていくものであり、それを必然性の深まりの度合い、つまり発展の度合いによって並べたのが、必然性の分類なのだ。それは止揚する、されるの関係である。

すべてはまず偶然性から始まる。その偶然性を止揚したのが「必然性」である。必然性は偶然性の中に an sich に存在し、その外には存在しない。偶然性がすでに潜在的には必然性なのである。

ヘーゲルにおける「必然性」内部の区別も、発展段階における区別であり、相互に止揚される関係でしかない。

最後の自由と必然性の関係も同じである。必然性を止揚したのが自由であり、自由とは必然性の中にしかない。自由とは必然性を発展させたものであり、必然性の完成なのである。これをヘーゲルは「真に内的な必然性、それは自由である」（『小論理学』三五節付録）とまとめている。

ヘーゲルは、世界の発展には一つの中心（目的）があり、世界の発展をそれに向かう運動としてとらえている。そうした一元論の世界は、こうした必然性における一元論の論理を含み、こうした論理が前提となっている。そうでなければ一元的発展観は不可能になる。

したがって、ヘーゲルが設定した必然性の区別の枠にとらわれるのではなく、相互の止揚の実態、次の段階の総体とその契機になるあり方、これを理解できれば、それですべきことは終わっている。これは本書の第Ⅲ部と第Ⅴ部で行う。

(d) ヘーゲルの自由

ここでヘーゲルの自由観をまとめておく。

第一に普通の人々の理解であるが、それは自分の好き勝手にできること、そうした恣意的な自由を自由と考える段階がある。これは偶然性の立場であり、ヘーゲルはこれを形式的自由と呼ぶ。

それに対して必然性の立場に立つのが内容の自由になるが、これをヘーゲルは二つの側面から説明する。

「自由とは、自己の他者のうちで自己自身のものにあり、自己自身に依存し、自己自身を規定するものである」(『小論理学』第二四節付録二)が有名だが、この説明は、実はヘーゲルの発展観そのものの表現でしかない。自己が分裂し、自己から自己を他者(もう一つの自己)として突き放し、その他者の中にあって、最初の自己に戻る。これが発展であり、ヘーゲルはそれを自由としてとらえているのだ。

もう一つが、先に説明した必然性の止揚という観点、必然性の完成のことである。

「自由と必然性とを互いに排斥し合うものと見なすことがいかに間違っているか。たしかに必然性そのものはまだ自由ではありませんが、自由は必然性を前提として含むものでして、自由の中には必然性が止揚された形で含まれています。」(『小論理学』第一五八節付録)。「真に内的な必然性は自由である」(『小論理学』第三五節付録)。

ではこの発展という自由と、必然性の止揚の自由とはどう関係するのだろうか。それはともに、総体と契機の関係を内部に持つ点で同じである。そうした内部構造を持つ点が前者の自由であり、その自覚が後者の自由である。

ヘーゲルは、世間が言う「必然性の厳しさ」を取り上げて、そのただ中に自由の可能性があることを示している。

「必然性の過程には、今ある固い外面が克服されてその内面が開示されるという面もあるのです。そして、それによって〔必然性によって〕結びつけられているものは実際には無縁なものではなく一つの全体にすぎず、各契機は他者と関係しながら自分自身の許にとどまり、ただ自分とだけ関わるにすぎないということが示されるのです。これが必然性から自由への変貌でして、この自由は抽象的で否定的な自由ではなく、具体的で肯定的な自由なのです」(『小論理学』第一五八節付録)。

「他者と関係しながら自分自身の許にとどまり、ただ自分とだけ関わるにすぎない」が発展の自由だが、それは全体として総体と契機の関係になることであり、それは必然性であるが、その関係の自覚が、必然性を止揚した自由だということになろう。

なお、「自由とは必然性の洞察である」とするエンゲルスの定義が有名であるが、それについては後述する。

(e) 実体と必然性から、概念と自由へ

現実性論では、世界の発展において、一つの実体が自己を外化させていくことが示された。実体は自己を実現させるだけであり、そこには他者はなく、自己による自己媒介しかない。ヘーゲルは、この実体を、主体として現れた実体としてとらえ、それを「概念」と呼ぶ。それは個々においては概念であるが、その全体としては「理念」と呼ばれる。

この現実性論の段階全体を、ヘーゲルは必然性が発展し、それが完成するまでの過程として

とらえ、その完成を「自由」と呼ぶ。こうして、現実性論で本質論は終わる。つまり本質論の真理は実体と必然性であるが、その実体の真理は概念であり、必然性の真理は自由であり、それは概念論で展開され、実現していく。ここでの真理観については次の第4章で説明する。

大論理学の現実性論では明示されないが、この主体性と自由を一身に体現した概念とは、直接的には私たち人間のことである。概念とは人間であり、人間の自己意識、自我、思考、精神のことである。そのように、ヘーゲルは考えている。発展には、中心、目的があり、それは人間である。

しかし、ここでヘーゲルは実際には何を考えているのだろうか。

キリスト教徒のヘーゲルにとって、それは神の創造した世界と神の関係の啓示だったろうが、これを自然の全史、地球が生まれてから現在までの発展、物質から生物が生まれ、人間が生まれたことの意味をとらえることになっているのだと私は考える。

本質論の最初に置かれた反省論で、自己同一性と自己区別が説明されたが、それはこの一元論の全体を作るものだったのであろう。

大論理学では、ヘーゲルの意図がわかりにくいが、小論理学では、それが明示されている。そこでは必然性の過程、現実性の過程を、三契機から説明する。事柄（Sache だが、Ursache

としてとらえるべきだろう）、人間の活動（労働）、条件である。

人間は活動で、事柄と条件を媒介し、事柄を深め、その実体を実現していく。その実現の運動の中で、三つの契機は一つである。ここではこれを内的必然性としている。（『小論理学』一四七節、一四八節）

これを人間の労働過程のこととしてとらえるのが許万元である。先の三契機について、事柄とは大地であり、人間がそこから労働対象と労働手段を得て、それを媒介させることで、自らの生産物を生み出していくこと。その生産物とは大地の自己内反省（自己の本質へと内化）したものとして理解できる。大地を自己内反省させていくのが人間である、と説明した。（『ヘーゲルの現実性と概念的把握の論理』第三章）。

これは実体への反省と、実体を反省させる主体としての人間の意義を明らかにした画期的な考察である。

それを踏まえた上でだが、私は、許の指摘したことも含めて、自然の真の姿が実現していくのが現実性なのだと考える。自然は自らの完成に向けて発展し、その過程で生まれた人間は、自らの完成のためには、自然を完成させるしかない。

なお、この『小論理学』の叙述は学生向けに、わかりやすくしたものと考えられる。しかし、この内容は本来は概念論の目的論と絶対理念で取り上げられるべきだっただろう。人間と自然の関係はそこで総括されているからだ。これを現実性論の中で行うのは、本来から言えば、逸脱であり無理筋である。

なお、現実性に関する、ヘーゲルの有名な言葉がある。

「理性的であるものこそ現実的であり、現実的であるものこそ理性的である。」（『法の哲学』の序文）。

現実とは世界の発展の運動であり、それによって世界が自己実現してきた運動である。したがって、その発展の運動の中に、理想、理念は実現してきた。理念は現在の現実の外にはないし、未来のさらなる理念の芽も現在の現実の内にある。

しかし、現実の運動とは、私たち人間にとって、傍観していられる運動ではない。それは私たちが生きることそのもの、私たちの人生そのもののことでもある。理想を実現し、現実を理想世界にするのは、人間の使命なのである。ヘーゲルはそう考えた上で、上記のように述べていることを理解しておかなければならないだろう。

第4章　ヘーゲルの三つの真理観
――本質と概念の違い

(1)　真理観の転換―ヘーゲルの三つの真理観

ここまでの検討を踏まえて、ヘーゲルの真理観を考える。

ヘーゲルが「真理」と「正しさ」を区別することは有名である（『小論理学』第一七二節付録、二一三節付録）。そして、絶対理念を絶対的真理としていることも知られている（『小論理学』第二三六節）。その全体は以下の三段階にまとめられる。ヘーゲルの真理観をこうした三段階にまとめたのは牧野紀之である。

①主観的真理　対象と表象の一致

②客観的真理　対象とその概念の一致
③絶対的真理　主観的真理と客観的真理の統一

普通に真理として理解されているものは①である。ヘーゲルはこれをただの「正しさ」「形式的真理」として低く位置付ける。なぜなら、ここでは対象・現象と認識との一致だけが問われ、対象・現象が説明されれば正しいとされるからだ。ここでは対象・現象が真理の基準であり、認識が対象を反映しているかどうかだけしか問題にならないからだ。これが主観的真理である。

それに対して、②は当然「内容的真理」であり、対象や現象が問われ、批判される。こうした真理観を打ち出したことこそ、ヘーゲルの偉大な功績である。これは従来の真理観を大きく転換した。これが客観的真理である。

③は、①と②を出した以上、この主観と客観の対立、矛盾を止揚する段階として絶対的真理として用意される。このことは、ヘーゲルの発展観においてはお約束事である。

問題は、②の客観的真理である。

ここまで、私たちは、発展とは「本質に帰るような変化のこと」であることを学んできた。それが正しかったならば、それが客観的真理であり、その定義は「対象とその本質との一致」とならなければならないはずだ。

ところが、ヘーゲルは、客観的真理を「対象とその概念との一致」とするのである。ここで、本質と概念との異同が問題になる。

(2) 本質の限界

ヘーゲルは、A→Bへの運動が、発展である場合、Aが自己内反省して自らの根拠（本質）を現したものがBであり、BはAの真理（本質の現れ）であると言う。

すなわち、「概念の生成は、生成というものが一般にそうであるように、次のような意味を持っている。〔A（ここでは実体）の中から、B（ここでは概念）が〕生成するとは、〔Bへと〕移行しゆくもの〔A〕が自己の根拠〔B〕へと反省することであること、および、さしあたっては〔自分と無関係な〕他者に見えたもの〔B〕が、前者〔A〕がその中へと移行したことによって、その前者〔A〕の真理であるということ、これである」（『大論理学』ラッソン版二一四頁）。

ある対象の発展において、その「終わり」の段階では、「始まり」に潜在的に存在した可能性としての本質がすべて外化し、実現され、その途中の過程の意味も、すべてが明らかになる。それが、客観的真理としてとらえられているのである。

真理をこう説明するのは、ヘーゲルだけである。それまでの真理観はここに大きく転換された。

従来の真理観は、認識の誤りや誤謬を批判するものであった。批判されるのは認識である。しかし、ここでは批判されるのは対象世界、存在する側なのである。

すべての存在は発展しなければならない。発展した姿が、その対象の真実、真理なのであるから。そうであれば真理も過程的であり、完成していくことになる。存在するものは、発展の運動をしているかどうか、それがどのレベルまで到達しているかが、その真理性として問われることになる。

ヘーゲル以前は、真理を問題にする際に、問われるのは認識の運動であった。これが主観的真理観である。しかし、ヘーゲルは認識以前に存在の運動が批判されなければならないとしたのだ。これが客観的真理観である。

すべての存在は、発展の観点から批判される。そしてそうした認識こそが本来の認識なのである。そしてここでの批判の基準は、対象の本質である。

しかし、本質を基準にする本質論の段階では、その真理追及には大きな限界がある。存在するものの側からいうと、この本質論の段階では、発展といっても同じ内容の繰り返しでしかないということである。

ドングリを例とすれば、ドングリから始まりドングリを終わりとしても、樫の大木を完成形としてみても、それは変わらない。

ドングリから始まり、そこから樫の木が育ち、新たなドングリが実った場合、終わりとしてのドングリは始まりのドングリに戻る円環運動なのだが、そこには同一内容の繰り返ししかない。

一つ一つの個体において、その成長は一回限りの過程であり、繰り返しはない。しかし、個体は死んで新たな個体が生まれることで終わりは始まりに戻り、同じ内容が繰り返される。つまり、種や類のレベルにおいては変化はない。

樫の大木に成長するまでの各段階の全体像から考えるとしても、それは樫という種の内部での違いがあるだけであり、樫という種そのものには変化はない。樫という種の成育過程のすべてに同じ変化があるだけである。

本質論の段階では、本質に変化はなく、同じ本質がその枠内で、深まり発展し、完成するだけなのである。本質を超えることはない。

ヘーゲルが自然界には発展はない、発展があるのは精神（人間）においてだけである、と説明していることは有名だが、その根拠はここにある。ヘーゲルはドングリを発展の例によく使うのだが、最後の局面では、それを発展とは認めないのである。

(3) 本質の奥の概念

存在するものは、本質論の段階では、発展といっても同じ内容を繰り返すだけである。したがって、それがそのまま、存在するものへの批判の不十分さになる。本質の枠内では、ただある本質の発展段階の評価、本質の現われ方の評価しかできない。その本質そのものの批判はできない。

本質論の段階では、対象の発展と言っても、個体レベルでは同一内容の繰り返しでしかなく、種や類としても同じ本質の枠内での発展でしかないからだ。

しかし実際には、その対象の始まりの前にも、その終わりの後にも、世界は存在しており、そこにも世界の発展がある。その世界とその対象とはどう関係するのだろうか。対象とその本質は、何から生まれ、何へと滅んでいくのだろうか。

これが概念を考えることになっていく。つまり、概念とは発展の立場からとらえ直した本質のことである。ある対象の本質の始まりから終わりまでの円環を超えて、より全体の中に位置づけられた本質を概念と呼ぶのである。

ここで、「発展とは本質に帰る変化」という時の本質に二段階があること、つまり本質の奥に概念があり、それゆえに、発展には二段階があることが明らかになっている。

本質と概念との二つの発展の違いは、ある対象の本質（限界）内での発展と、その限界を超える（当為）ような発展、つまり新たな種を生む発展との違いである。

先に、変化一般をその質の限界を超えることととらえたが、その限界にも二種類あり、その本質内部での限界と、本質そのものの限界との区別があったのである。

発展の終わりは次の始まりであるのだが、それが新たな種や類の誕生である場合には、それを本質に帰る変化とは言えない。そこでヘーゲルは本質のさらに奥に、概念を設定し、それは概念の外化であり、同時にまたそれは概念に帰る変化であると考えたのである。

本質とその奥の概念が出たところで、改めて本質（概念）の始まりが問題になる。

一般的に言って、ある存在の始まり、またその存在の本質をどこにどうとらえたら良いのか。この問いにヘーゲル自身は明確には答えていない。そこで、許万元と牧野紀之の答えを示しておく。

許は、その答えを「現存事物のそれ自身の発生史的端緒のこと」「現存事物が自己以前の過去の存在から自分自身を分割する特殊化の原理のこと」だとする。例えば、人間にあっては、「その最近類的な過去の存在『動物』一般から人間を分かつ特殊化の原理」のことであり、それは労働だとする。（『ヘーゲルの現実性と概念的把握の論理』大月書店一二二頁）。

牧野紀之はこの点では許に賛同している。「ある事物がそれとして発生した時、それとして他から区別される点、それがその事物の本質である」（「ダンス哲学」）。そして「それがそれとして生まれた時はそのものの本質だけが純粋な形ででているからである」（「ヘーゲル哲学における概念と本質と存在」）と説明する。

こうした考え方は特殊なものではない。生物学における生物の種の定義方法と同じである。つまり新たな種の最近類とその区別、特殊化された原理である。

さて、以上はあくまでもある対象とその本質の始まりについての二人の見解であるが、概念は本質の中にあるのだから、始まりは一致するはずである。

本質を考える際には、その実例としては、植物のドングリを挙げることが有効であった。しかし概念を考えるには、植物をもその部分として含む、より大きな円環を考えなければならない。

それは自然の発展であり、生物の進化である。

その全体を、物質→生命・生物（植物→動物→人間）としてとらえてみよう。

ヘーゲルは、この一つ一つの段階はそれぞれだけで完結するものではなく、それらを貫いて発展していく中心、目的があるととらえる。すべては、その中心をめざし、目的の実現をめざして発展していく。そして、その中心、目的とはとりあえず人間である。進化の段階の最後に人間が位置しているからである。

物質→生命・生物（植物→動物→人間）といった個々の段階において、それぞれの始まりと終わりがあり、その本質がある。しかし、それを貫いていく全体の運動を考えるためには本質という理解ではたりない。

発展全体の中で、その対象とその本質が全体のどこにどのように位置づけられるかを示すのが、その概念である。したがって、その概念の全体が発展の全体となる。ヘーゲルはその全体を理念と呼び、それをとらえる能力との関係では理性的なるものと呼ぶ。理性とは悟性レベルを止揚した思考能力のことであり、理性によってのみ概念と理念をとらえることができる。

(4) 二種類の限界──本質内の限界と本質を超える限界

以上の、本質と概念との違いは、発展の運動における始まりと終わりにあって、どう関係し、どういう違いとして現れるのだろうか。

本質の発展も概念の発展も、「始まり」の地点は同じである。新たな種が生まれ、その種によって新たな本質が生まれている。それは古い種から分かれた新たな種の特殊性のことであった。その本質は最初はまだ潜在的であるが、生長・発展とともに外化し、すべての可能性が実現し、完成する。それが本質レベルでの「終わり」の地点である。ドングリは樫の木にまで成長し、樫が樫としての完成段階にいたる。そこでは、完成した樫から生まれたドングリが、同じ樫として育っていく。終わりは始まりに戻る。これは樫の木としての完成した状態である。これが本質の段階の「終わり」である。

しかしこの終わりは、概念の立場から見るならば、まだ発展の過程の前半が終わったにすぎない。

樫の木として完成した段階からは、新たにその没落への過程が始まり、次第にその種の限界が現れてくる。限界とは、その対象の抱える矛盾であり、発展段階の低さである。それを超え、矛盾を克服し、さらなる発展段階に進む存在が新たに生まれる。その時、古い種は、実際に滅ぶかどうかは別にして、新たな種に止揚され、その契機となっている。この段階が、概念レベルでの「終わり」である。これは新たな種からとらえられた古い種の終わりであり、新たな種の始まりでもある。

古い種の限界は、それが完成する前には漠然としている。それが完成した段階で、限界は初めてはっきりと現れてくる。限界がわかるのは完成したからであり、完成とはまさに終わりの始まりなのである。そしてその限界が明確になるのは、新たな種（これが当為）が現われることによる。古い存在を脅かす存在（当為）が生まれることで、古い存在の限界が何であったか（これが制限）がわかるのである。

なお「限界」「制限」「当為」については、変化一般の説明の際に、すでに言及した（七七頁以下）。ここでその限界には二段階あったことが明らかになっている。質と一体になった段階、その種の本質の限界内で、多様な質へと変化するものと、その種の限界を超えて、新たな種が生まれる段階とである。

さて、古い種が滅びていくのだが、他方で、新たな存在は、古い存在を全体として止揚し、そこに新たな本質が生まれている。

しかし、この新たな存在も最初はドングリのような存在でしかない。すべてはその存在の内に an sich に、可能性として存在するだけなのだ。

古い存在が滅びる時、新たな存在は多数生まれてくる。その内のどれが次の発展を担うべき存在なのか、それは最初はわからない。どれがその限界を超える存在であり、どれが超えられない存在なのか、それもまたその後の発展の過程で明らかになっていく。

古い世界を真に克服する存在は、生長・発展とともに真の姿を外化し、自らを完成させる。それが新たな存在の本質段階での「終わり」である。その完成も、次にはその限界が現われ、その克服を果たすべく新たな種が、古い存在の内部から生まれていく。これが概念レベルでの「終わり」である。そして以上の過程が繰り返されていく。

こう見た時に、発展における始まりの地点は、本質でも概念でも同じなのだが、そのレベルが異なることがわかる。本質とはその新たに生まれた「特殊化の原理」であり、「発生史的端緒」

（許万元）であるが、概念とは、それが前の種のどのような限界をどのように克服して生まれてきたかである。

ヘーゲルはこのように発展をとらえていたから、自らの哲学を世に問うときに、それが生まれる必然性を証明するべく『精神現象学』を刊行したのであった。それは、古い世界とその哲学の限界と没落の中から、自らの哲学が必然的に生まれてきたものであることを証明しようとする試みであった。

また、ヘーゲルは『精神現象学』の成果として生まれたのが『論理学』であるとして、論理学の正しさを証明する根拠としても『精神現象学』を示している。

これは先にドングリと樫の木の例で示した、発展のとらえ方の二種と同じである。一つは発展の過程的なとらえ方であり、それが『精神現象学』。もう一つはその成果としての総体性をとらえる方法で、それが『論理学』である。

後者は前者を止揚している、その過程の一つ一つの段階がすべて自らの契機となっている。逆に、後者を解体し、その生成過程の順番に並べれば、前者になる。

(5) 真理とは存在がその概念に一致することである

ヘーゲルの客観的真理観を考える時、対象の本質と概念との区別を検討してきた。それを受けて考えれば、客観的真理観には二つの段階があることになる。一つは対象が自らの本質に一致する段階であり、もう一つは自らの概念に一致する段階である。

ヘーゲルは、A→Bが発展である時、Aが自己内反省して自らの根拠（本質）を現したものがBであり、BはAの真理（本質の現れ）であると言う。

BがAの真理であるとはどういう意味か。

本質論レベルでは、ある対象の真理とはその本質がすべて外化し、完成した時の姿のことであった。したがって、その認識とは、本質の外化の程度、完成度をとらえることにもなり、それは存在するものへの批判の意味を持つのである。

では、概念論のレベルでは、BがAの真理であるとはどういう意味か。

BはAの限界の中に潜在的に可能性として存在し、Aの限界が何であるかを明らかにしていく。

Bは Aが滅ぶ中から生まれてくる。ただし、Bも、最初は、Aから生まれた次の世界のドングリでしかない。そこでは止揚と言っても、Aを超える新たな総体性の可能性を持ったということである。

Bは Aを止揚するのだが、Aの中にあった様々な要素をすべてそのままに引き次ぐのではない。一部はなくなったり退歩し、一部は変化はなく、一部は発展される。しかし問題はそれらが全体としてどういう関係になっているか、つまりその総体性である。たとえAと同じ要素からできあがっていても、Aの限界を超えるような新たな総体性を作りあげる可能性を持っているか否かが問題であり、この可能性がBの本質なのである。

Bの本質はAの限界を超える可能性であり、その可能性を実現していくのが、その後のBの発展である。そしてBがAを超える姿を示し、BがBとして完成した時には、Bもまた自らの限界を露にし、それを超えるさらなる存在を生むのである。この、Bが生まれ滅びるまでの全過程を見渡した時、その始まりから終わりまでを、Bの概念と呼ぶのである。

このように、存在するものはすべてが限界を持ち、それは次の段階の存在を生み出していく。

(ここでの限界とは、種としての限界である)

真理とは、存在するものを評価し、批判する基準になるものであった。

しかし、本質の枠内では、その批判はただ発展段階の評価、本質の現われの評価でしかなかった。

概念論の段階になって、初めてその存在そのもの、その種としての本質そのもの、その限界そのものの評価になる。その存在は、自然の発展、自然と人間の発展において、どういう意味を、意義・役割を持つのかという評価である。そして、その役割をはたした時、それは自らの真理を実現したことになる。

これがヘーゲルの真理観「真理とは存在がその概念に一致すること」である。

「発展とは『本質』に帰るような変化のこと」と述べてきたが、ここにいたると、「発展とは、本質のよりいっそう奥にある『概念』に帰るような変化のこと」となっている。

こう理解すると、二つの存在の比較や、二つの認識の比較で、どちらが上か、どちらがより正しいかの見分け方は、発展段階の違い、ヘーゲルの言い方では真理性の違いだということになる。

その見分け方は、どちらがどちらを止揚し、自らの契機として観念化しているか、なのである。それはそのどちらの限界が、どのように克服されているかを確認することである。

以上のように理解すると、すべての存在は、その真理性、その価値によって、順位づけられることになる。

そしてそれはそのまま、存在世界を反映する認識世界のカテゴリーの順位づけになるはずである。事実、ヘーゲルは「概念の価値の吟味」としてそれを行い、それを自らの論理学で示したのである。それが彼の論理学における、カテゴリーの順番の意味である。
しかし、この発展における順番、真理性の序列は何を意味するのだろうか。

(6) 発展における順番、真理性の序列は何を意味するのだろうか

(a) 自然の真理としての人間

ヘーゲルは、自然の真理は人間である、概念とは人間である、概念とは人間の自我である、と述べている。

物質→生命・生物(植物→動物→人間)、という発展の理解が正しいならば、人間は自然の発展、生物の進化の最終形態であり、全発展過程の成果である。ヘーゲルの言葉は仰々しいが、これを言い換えたにすぎない。

一般に、発展における順番、順位は何を意味するのか。それは直接には進化の過程、つまり発展の順番、順位だが、順位とは止揚する、止揚されるの関係であり、それは上下関係になり、どちらがどちらに対して優位な位置にあるかを示す。

ヘーゲルはこうした世界観を、アリストテレスから学んでいる。アリストテレスは自然のす

べての存在を最も下級なものから最も上級のものへと配列したが、ヘーゲルの概念とは、アリストテレスのこの配列を発展の立場からとらえなおしたものであり、発展の順番、順位を問題にするのだ。

自然の発展、生物の進化の全体を、物質↓生命・生物（植物↓動物↓人間）、としてとらえるなら、それぞれの概念とは以下になる。

物質とは自然から生まれ、次の生物に止揚される。

生物は物質を止揚し、その内部では植物↓動物↓人間と発展する。

植物は物質を止揚した生物の始まりであり、他の生物にとっての基礎であるが、動物に止揚される。

動物は植物を止揚する。人間に止揚される。

人間はすべてを止揚する。

以上が、とりあえず、発展の順位づけから導出される概念である。もちろん、これは順番を言葉にしたにすぎないが、これが概念の形式面であり、この止揚の内実がその内容になるのだ。ここで世界の全体は、総体と契機として位置づけられていく。

この発展の過程に現れるすべての存在は、その本質について、この概念の枠組みの中で、その意味を確認、確定する。本質とは、他との関係の中で明らかになっていくが、その関係は無数にあるから、そこに現れる本質もまた無数にあることになる。しかし、それらはただ横並びに並ぶものではなく、重要なものと、そうでないものとに分けられる。ある対象の本質がどの他者との関係に現われるか、それを最終的に確定するのは、その対象の概念であり、その対象の本質を生物の発展の全体の中に、位置づけることによってであろう。

(b) 発展における順位の意味──「自然の真理は人間である」とは何を意味するのか

ヘーゲルは、自然の真理は人間である、概念とは人間である、概念とは人間の自我である、と述べている。

しかし、これはどういう意味なのだろうか。人間が最高の存在である、ということだろうか。人間が最高の存在であり、他のすべてを支配でき、人間の好き勝手に振る舞えるという意味だろうか。

また、ヘーゲル、マルクス、エンゲルスは、「人間は自然を支配できる」という表現をよくする。この発展の上下関係を、支配、被支配の関係で表現するのだ。

人間が自然に対して大きな威力を発揮するようになったことは確かだが、それを「支配」と言ってよいだろうか。

こうしたことを理解するには、人間が生まれるまでの全過程、物質→生命・生物（植物→動物→人間）、この全過程がどのような意味で発展と言えるのかを問わねばならない。

この発展の過程で何がどのように変化してきたのか。そしてその変化が、どのような意味で本質への内化、概念の実現と言えるのか。それを丁寧に考えていくしかないだろう。

(7) 絶対的真理

ここまでは、ヘーゲルの三つの真理観、つまり
①主観的真理　対象と表象の一致
②客観的真理　対象とその概念の一致
③絶対的真理　主観的真理と客観的真理の統一
この内、②客観的真理観を説明してきた。ここで、概念の理解には、前節の「発展における順番、真理性の序列」の理解が必要であることは、すでに述べた。


最後に、③絶対的真理を説明する。

これは、真理の認識としては、②の客観的真理を認識する、それも対象の本質との一致だけではなく概念との一致まで進むか否かが、基準になる。

しかし、これは認識の本質レベルである。

認識の概念は、それが認識にとどまらず、その認識による実践にまで進むことであるから、

②の客観的真理を実現する段階まで深まった時、それが③の絶対的真理である。

それは人間の認識が認識の概念と一致し、人間の実践が実践の概念と一致し、人間が人間の概念と一致することであり、それが人間の自由である。

この詳細については、第V部で考えたい。

第Ⅲ部　物質から生物、生物から人間が生まれるまで

第1章　物質から生物への進化

(1) 物質から生命・生物が生まれるまで―物質レベルでの相互外在性の克服

自然界における関係一般を、ヘーゲルは相互外在性としてとらえる。それぞれが自立し、バラバラの関係である。空間的には並存性、時間的には継起性。これが自然一般の本質である。相互外在性の関係とは、関係しないのではない。それは関係し、変化し、運動する。しかしその運動は相互に外的で機械的な力学的関係か化学的関係までであり、内的な目的的な関係にはならない。

例えば、自然界の基礎である物質は「一つ」にまとまっているが、その部分はそれぞれが自立した相互外在性の関係にある。そこに矛盾があり、運動が起こる。それが中心へと向かう運動であり、それが重力であり、それが物質の重さとして現れる。以上が物質の本質である。

物質の概念（終わり）とは、その相互外在性の矛盾が止揚され、中心のある全体性が現われることである。それが生命・生物である。（定存在と独立存在を参照　八〇頁）

物質においても相互外在性の中に「中心」が現れるが、生物においての中心とは「自己」であり、その自己保存の目的のために、自分の外部と内部の物質の自立性、独立性、つまり相互外在性を克服していく。すべては自己であり、自己の現われである。これが生物一般の本質である。

(2) 生物レベルでの相互外在性の克服

生物の段階になると、物質は止揚され、物質レベルの相互外在性は克服される。中心のある全体性（総体性）が現われる。

しかし相互外在性は完全に克服されたのではない。生物には生物レベルの相互外在性がある。それが分肢と全体の関係である。

樫の木の例では、根、芽、茎や枝、葉、花と果実（ドングリ）などが分肢であり、それが樫の木全体とどのような関係になっているかが問われる。

分肢の独立性の強さやその克服の程度、中心の強さ、自己が全体を支配する強さが、生物のその後の発展の基準になる。これがそれぞれの生物の概念になっていく。

こうした意味での相互外在性も、植物では一応克服され、その全体が統一体、自己として現れてくる。しかし植物の統一性は不完全なものにとどまる。各分肢の自立性が、植物という主体の下に完全に服従しているのではないからである。ヘーゲルは「挿し木」をその例としている。

植物では部分の自立性がまだ強いが、動物となると部分は全体を離れては存在することはできない。部分の相互外在性は止揚され、全体の契機になっている。これをヘーゲルは総体とその契機の関係と呼び、その契機となったありかたを「観念性」と呼ぶことは既に述べた。

こうした総体性、観念性の始まりの段階を、ヘーゲルは動物の「感覚」に見る。人間になると、感覚の発展した形態である思考ができるようになる。動物の感覚は、対象を個別としてとらえるものだが、思考は個別を止揚した普遍性をとらえられるようになった。これが「観念性」「止揚」の最終形態である。

このように、生命・生物は物質を止揚したレベルで、全体の中心である自己を強めることで発展していく。

なお、ここで二つの注釈をつけておく。

第一に、思考における二つのレベルの区別である。人間の思考が相互外在性の克服、「観念性」「止揚」の最終形態であると述べたが、しかし、その思考においてもまだ相互外在性の関係は続いている。それが悟性レベルの思考である。したがって、それを克服した理性レベルの思考になって初めて、「観念性」「止揚」「総体性」は完成するのだ。

第二に、人間における臓器移植や再生技術の問題についてである。生物における分肢と全体の関係は、総体とその契機としてのあり方へと深まり、高まっていく。それは人間において最高の段階になっている。その段階の人間にあっては、臓器移植や再生技術が困難であることは論を待たない。臓器移植や再生技術とは「挿し木」の技術なのであり、それは人間を植物レベルにまで退行させる側面を持っている。そのことを深く理解しておかなければならないだろう。

第2章　生物から人間が生まれるまで

(1) 生物とは何か──内的二分と外的二分

生命・生物は物質（自然）から生まれ、その生物が死ぬと物質に戻る。この生と死は、物質と生物の関係をよく表わしている。生物は物質を止揚し、物質を自己の体として持ちながら、その一つ上の存在なのである。物質の相互外在性を止揚し、総体と契機の関係を自己のうちに持っているのが生物なのである。ただし、それは生きている限りにおいてである。

しかし、「生きている限りにおいて」だとしても、なぜ生物は生きることが可能なのだろうか。一言でいえば、生物は物質の真理であり、物質を止揚したものであり、一段階上の存在だからである。しかし、その一段階上とはどういうことなのか。

それは、内的二分と外的二分、その統一ができるということである。それが生物の主体性、後の人間の誕生につながる。

(2) 生物の戦略──自己を変えることで自然への対応力を高める

生物は自然に対して境界を作り、その内を自己の範囲とし、自然から自己を自己として区別した。ここに「自己」が「個体」として生まれたのである。

このことは、生物が自然と自己とを切り離したこと、生物が自己と外界を分裂させたこと、生物によって自然が二つに分裂したことを意味する。これを生物にとっての「外的分裂」、「外的二分」と呼ぶ。

この分裂は当然ながら克服されなければならない。そうでなければ生物は死ぬ。この分裂の克服が、生物の「自己の保存」であり、その活動が「生きる」ということである。

この自己保存という目的のために、生物は内的な運動を始める。それは自己が自己を自己から突き放し、自己分裂するという活動である。これを自己内の二分、つまり自己内二分、または自己内分裂と呼ぶ。また「内的二分」、「内的分裂」とも呼ぶ。この内的二分こそが生物だけの活動であり、内的な運動なのである。

内的二分は、当然分裂のままではなく、統合される。内的分裂はつねにその統一と一体である。そうでなければ生物は死ぬ。

ではこの内的分裂とその統合は、何のための運動なのか。それは自己保存のため、つまり生物と自然との外的な分裂の克服のためである。生物の内的二分とその統合は、その外的二分とその統合と一体のものなのである。

なお、「分裂」は分裂一般の呼び方だが、その中で、二つに分裂した場合には「二分」と呼ぶ。分裂は「二分」から始まり、それがさらに二分されていくことで無限に分裂していく。始まりは「二分」である。


生物は「内的二分」とその統合という運動をすることで、外界との分裂と統合という運動をしているのである。それは何のためなのか。自己保存のための機能を高め、強めるためである。つまり、生物は、自己を変えることで、自然への働きかけの能力を高めてきた。これは、自己を変革することを媒介として、自己保存の能力を高めたと言えるのである。

ここで一般に、分裂と統合の過程の意味が明らかになっている。分裂は、発展するための必須の過程なのである。それを克服することで、一つ上の段階に発展するためである。分裂なしに、発展することは不可能なのである。分裂した二項以上が、止揚されて全体の契機となった全体（これが三項目）が生まれていく。それが発展だからである。

そのことは生物が自然から生まれたこととその結果によって、示されている。生物によって自然は分裂したが、それによって新たに生物が生まれ、自然は一つ発展したのである。また、生物は内的二分を始めることで、生物自らの機能を充実させて発展させたのである。

さらに、その内的二分とその克服の過程を媒介として、生物の外的二分を克服するあり方が生まれたことは、生物以降の存在にあっては媒介性が中心の位置を占めるようになったことを意味する。媒介性とは分裂とその克服の過程であり、それが発展につながる。これが一つ上の段階の内実であり、ここに主体性、自立性、独立性の芽がある。

内的分裂によって自己自身を変える、それは生物が「自己保存」のために生み出した戦略であった。生物は、外界の圧倒的な力の前では、非常に弱い存在である。彼らは生き続けるために、自己自身を変えていくことで、外界への適応を図ろうとしたのである。生物は外的環境に適応しやすいように、内的分裂によって機能分化し、繁殖し、生息域を拡大した。さらに多様な種を生み出し、地球上を多様な生物で埋め尽くすまでに、その勢力を拡充してきた。

(3) 生物の食物連鎖

生命は、最初は、たんぱく質の固まりのようなものだったとする説がある。それが発展し境界（細胞膜）を持った単細胞生物が生まれた。単細胞生物は内的分裂を繰り返すことで多細胞生物になり、生物内部の機能分化を進めた。

生物から植物が生まれ、さらに動物が生まれ、それぞれが多様な種を生み出して発展してきた。

こうした生物の進化の過程は、食物連鎖の関係を考えることで、鮮やかに見えてくる。植物と動物の関係にあっては、動物は植物を食べることで生きている。その動物の内部でも、さらに草食動物、肉食動物、雑食動物と発展していく。草食動物は植物から直接に栄養を摂取する。肉食動物は草食動物を食べることで、間接的に植物の栄養を接収する。最後の雑食動物は植物も動物も食べることで、広く栄養を摂取できる。

植物は光合成をし、水と大気とから、栄養を直接に作ることができる。しかしその作業は大きなコストがかかる。動物にはそれはできないが、植物を食べることで、簡単に効率よく栄養を吸収する。ただし、草食動物は植物の消化のために、複数の胃を持ち、何度も消化を繰り返さざるを得ないといった、大きなコストがある。その点で、肉食動物は、草食動物を食することで、こうしたコストを省略することができる。さらに、雑食動物は、さらに効率よく、負担を少なく、生きていける。その中に人間も属する。

こうした食物連鎖は、生物の世界の上下関係を表わすが、それはそのまま生物の世界の発展過程を現している。

このように、生物の進化の過程には明確に順位があり、発展過程には上下関係がある。しかし、こうした上下関係、順番と順位の関係を、支配、被支配の言葉で表現してよいだろうか。逆である。ここからわかるのは、すべての生物は、植物の光合成によって生きているという、その絶対的な依存性である。その意味では植物がすべてを生かしており、すべての生命を維持している、そこから植物が他のすべてを支えている、つまり支配しているとも言えるのである。生物全体の始元は植物なのである。

ここに始まり（前提）の持つ基底的な根源性と、それに依存しながら、その先へと発展していこうとするものの姿がある。全体が分業のように協力し合いながら、地球上を多様な生物で埋め尽くしてきたのである。

人間の機能が低下していく時、人間は知的能力を失い動物レベルに戻り、さらには植物レベルに戻る。「植物人間」がそれである。始まりに戻っていき、死ぬのである。

人間は葬儀で焼却されるのが普通だが、動物は死後、腐敗し、土に戻る。土からはまず、植物が生育する。その植物を前提として、すべての動物と人間とが生まれた。

(4) 生物個体の発生過程

生物全体の進化の過程は、生物個体の発生過程の観察によって想像することができる。「個体発生は系統発生を繰り返す」からである。

生物は、自己の内部で分裂と統合とを繰り返し、生物の体内に総体性の複雑で高度な関係を作り上げていく。それが生物の機能と器官の分化、特殊化である。

これを動物段階で考えることにしたい。動物の受精卵は、分裂の初期段階において、外胚葉、内胚葉、中胚葉の三層に分裂する。

生物にとって、境界（細胞膜）によって生まれた外と自己との分裂と統合を担ったのは、なによりもまず、その境界それ自体である。この境界は、生物と外界とを区切ると同時に、直接につなぐものである。これが後に、外界からの刺激や情報を受け止め、外と内との物質を交換する役割を担い、感覚器官を生み出し、さらに神経系とその中枢神経（脳髄）を生んでいく。この境界部分が動物の発生上では一番古いとされる外胚葉に由来する。

次に外胚葉が分裂しその内側に内胚葉が生まれた。これに由来するのが、自然から栄養を得て、不要なものを捨てる活動であり、外部の自然との物質代謝、つまり同化と異化の運動である。これは生物が生きるにあたって最も基本であり、生きることそのものの活動である。

生物は、この同化と異化のために、自己の内部で分裂と統合とを繰り返し、その機能と器官を分化し特殊化していく。こうして栄養器官である消化器や呼吸器が生まれた。

そして、最後に内胚葉の内部に中胚葉が生まれた。外胚葉も内胚葉も外界に直接に接しているが、この中胚葉は外界に直接に接することはない。動物内部で外界から最も守られた部分と言える。そこから生まれたのは生物が種として生き抜くための生殖器官である。生物には、それによって雌雄の区別が生まれた。この中胚葉は、後に動物の骨や筋肉といった運動器官をも作り出す。

(5) 栄養確保の内胚葉

以上の機能の三段階の中で、さしあたって最も重要なのは栄養確保のための物質代謝の機能である。これは生物が生きることそのものであり、これが途絶えたら、生物は直ちに死ぬ。これが内胚葉に由来する。

この機能については、すでに述べた生物の食物連鎖の関係を考えるとわかりやすいだろう。植物と動物の関係、動物が草食動物、肉食動物、雑食動物と発展していく過程には、その栄養器官の分化、発展があったのである。

(6) 生殖の中胚葉

そして次に重要なのが生殖器官である。生物は個体としては有限で死んでいくので、新たな子孫を生み出し続けなければ種としての生物は消滅するからである。これが中胚葉に由来する。そしてこの生殖の機能が、重要な分裂の可能性を生む。

生物は個体と種（類）とに分裂する可能性を持ったのである。

生物が外界との間に作った境界は、生物と外界とを区切るものだが、それによって外界から区別された生物（自己）は、個体として、個別として現れる。

生物は個体としては、自然から栄養を得るために、外部の自然と物質代謝、つまり同化と異化の運動で関わる。この栄養摂取が個体レベルでの「自己保存」の運動であり、それが「生きる」ということである。しかし、それが永遠に続くことはない。個体は、いつかは「死に」、物質に戻る。すべての生物は、個体としてはこの過程を繰り返す。

生物は個体としては死ぬ定めを持った有限なものだが、種としては続いていく。それが雌雄による生殖の活動である。親の世代は死んでいくが、子供が残され、種としては続いていく。これが種（類）のレベルでの「自己保存」である。

以上の経緯からわかることは、生物において、個別と普遍（類・種）という二つのレベルが現われたということだ。自然は、生物が現われたことによって初めて個別と普遍に分裂し、また統合されるようになったのだ。

この分裂が大きな意味を持つのは動物においてである。植物では生殖によってその種の生態が大きく変わることはないが、動物ではそれが社会の在り方を変えてしまった。

動物では雄と雌との生殖行為で子供が生まれるのだが、その雌雄が子供の巣立ち（自立）までのある期間、子供の養育をも行うようになる。ここに広義の家族が生まれ、それまでの一様な世界が家族と群れ社会（家族関係を超えた）とに分裂した。

この二つは機能の違いであり、同じ集団の内部での役割の違いでしかないのだが、違う機能を持つためにその構成原理が異なり、そこに対立も起こる。

家族には、つがいの雌雄の関係があり、親子関係があり、そこに家族の一体性と相互の個体識別がある。

群れにあっては、栄養確保のための組織的活動が求められ、それにふさわしい組織が形成される。ボス支配のサル山などである。

群れにおいては、その組織内での機能と役割が重要であり、役割の識別が問われるだけである。個体識別は重要ではない。

しかし家族にあっては個体識別こそが重要である。ここに家族と群れとの分裂、対立の可能性がある。この個体性の区別に、人間社会における個人の個人としての認識の可能性が生まれている。

この家族と群れ社会（家族関係を超えた）とは、生物が生き続ける上での生殖と栄養確保という二つの絶対条件に結びついているから、そこに分裂や対立があっても、全体としては統合される。その統合は常に群れが中心でその内部に家族を抱え込むものであった。どのような動物にあっても、社会における労働が第一であり、家族とはその社会を維持する機能として重要なのであり、第二の意味しか持たない。家族は社会に労働力、労働するメンバーを提供するのが役割であり、社会を支える。しかし、社会がなければ、家族は存続できない。

ただし、この統合のあり方は動物の進化の過程で変化し、発展していく。

この分裂と統合のあり方は、人間社会にあっても変わらない。ただし、動物にあってのこの統合のあり方は種によって決まっており、変化はしない。人間だけは、それを変化させ、発展させてきた。それを可能にしたのは、神経系とその中枢が生まれ、思考が可能になったことによる。これが実は外胚葉に由来する。

(7) 神経系とその中枢を生んだ外胚葉

外胚葉は、生物にとってもっとも根源的な、生物と外界との区別(境界)に由来する。それはもっとも古い、生物の起源にかかわる部分なのだが、そこから生物の器官で最も高度に発展した神経系とその中枢が生まれている。

これは、発展という観点からは非常に面白い。発展とは終わりが始まりに戻る円環構造を持つ。生物の最も高度に発展した機能は、生物において、生物が生物であることを始めた、もっとも根源的で始まりだった外界との境界に由来する。そこから動物の外胚葉が生まれ、感覚が始まり、それが神経系とその中枢へと発展したのである。

それを理解する時、感覚の重要性が改めて浮かび上がる。生物が自らを変化させる内的二分の機能は、生きるための根源的な必要から生まれたものだ。その必要性とは、まずは自分たちの危機を感じることであったろう。そしてそこから生きることが可能になったのである。

(8) 動物と人間——感覚と欲求・衝動

生物は生きるため、生き続けるため、生き抜くために生きている。自己が脅かされるとき、その自己の危機、飢えや渇きや痛みを感じることができる。それは生物の自己内に分裂が起こったこと、自己が欠落している自分と、それを感じる自分に分裂した（内的二分）ことを意味し、それは同時に自己と自己外の自然とが分裂した（外的二分）ことを意味する。それが、ただちに、分裂の克服のための欲求、衝動として現れる。

ここで重要なのは、外界に危機があるかどうかではなく、その危機を感じ、それへの対応ができるかどうかである。

単純な生物や植物でも、感覚し、それによって活動するのだが、その感覚も活動もきわめて直接的なものでしかなく、環境に規定され、限定されている。

それが動物になれば感覚器官を持ち、神経系を進化させたことで、外界から、また自己内からの情報をすばやくとらえ、それに機能的に対応することができるようになった。

動物は感覚で外界と内界をとらえ、神経系で全体をコントロールする。外界との分裂や内的分裂を意識し、その統合も意識的に行うことができるようになったのである。

動物は常に、生きる上での危機や欠乏や欠落にさらされている。それを感覚することからすべてが始まる。動物は、まず何かを感覚する。それは危機や欠乏に対する感覚である。最初はその「何か」と感覚は一体であり、漠然とした感覚が広がるだけだ。そこで「何」を感じたのかを意識しようとすると、感覚の対象と感覚（の主体）の分裂が起こる。その分裂の克服とは、感覚の内容（飢え、のどの渇きなどの欠乏）をはっきりと意識することである。それはその欠乏への欲求として感覚され、その欠乏を埋めるための衝動として意識される。次に、その衝動は、危機や欠乏状態を解決するべく動物を駆り立てる。動物は衝動を満たす対象（食べ物や飲み物）を外界に探し、見つかればそれを食べたり飲んだりする。以上が動物における内的二分とその統合の過程である。

そしてこれは、同時に、動物が外界（の対象）と自己との分裂を意識し、その外的二分を克服したことを意味する。

このように外的二分と内的二分とは区別されながらも統合されている。これが動物の感覚と衝動と衝動を満たす行為が直接的に一体となっているあり方なのである。

動物は、感覚と欲求・衝動という機能を自己内に作ることによって、自然への対応力を高めた。それを、骨や筋肉といった高度な運動器官が支えるようになった（これは中胚葉に由来）。

しかし、動物ではその欲求・衝動にただ従うことしかできない。

最後に、我々人間が生まれた。人間においては、動物と同じ感覚器官と神経系だけではなく、脳髄が神経系の中枢として発展し、意識の発展した形態である自己意識、自我が生まれ、それが思考を生んだ。

人間は行動に目的を持ち、労働を行う。そして目的実現のためには、欲求・衝動に従わないこともできるようになっていく。

これは内的二分による、さらなる主体性の高まりであり、自由の始まりである。

第Ⅳ部　ヘーゲル論理学と概念論

第1章　ヘーゲル論理学と労働論（目的論）

概念（自然の真理）とは直接的には人間のことである。その人間の立場から、人間を生んだ自然の発展をとらえ直し、人間の生まれた意味と使命、つまり自然の発展の意味を明らかにしたのが概念論である。

この概念論をもって、その論理学を完成させたヘーゲルの意図をここで考えてみたい。それは彼の発展観と、その哲学がとらえようとした近代社会の構造の関係を考えることになる。

(1) 人間と労働

ここまで、ヘーゲル哲学における発展の論理を、特にその形式面を中心に、ヘーゲルの論理学で説明してきた。

ではその内容面とは何かと言えば、それはヘーゲルにとっての現在、つまり近代市民社会の原理と、そこでの市民の自由実現の必然性の解明であった。それは、自分の哲学の中心に人間を、それも人間の労働論（目的論）をおくことになった。

アダム・スミスが唱えた労働価値説、交換と分業からなる社会構造、それをまっすぐにヘーゲルが継承した。（それをさらに発展させたのがマルクスの唯物史観である。）

ヘーゲルはスミスの示した市民社会の姿を、哲学的に、つまり原理的に根源的に解明しようとする。

人間とは何か、人間の使命とは何か、自由とは何かが課題になるのだが、ヘーゲルはそれを近代社会の中で具体的に考えようとする。自由の問題を考えることは、ヘーゲルにとっては自由経済の社会の中で、労働を考えることに他ならない。労働からすべてが生まれたからである。

このことは、ヘーゲルが自然と人間の関係を考え、自然の真理が人間であるのは両者を媒介する労働にその根拠がある、としていることからわかるだろう。

だから、ヘーゲル哲学では人間とその労働こそが核心で、そこからすべてを見ていこうとする。彼の全哲学体系が論理学→自然哲学→精神哲学の順に並べられるのは、自然と自然の真理である精神（人間）との関係を解き明かすのが、論理学だという意味である。ヘーゲルの全哲学体系を決めるのは、その冒頭に置かれた論理学である。

(2) 主体性と自由

ヘーゲル論理学の核心は人間の主体性と自由だが、これは人間と労働（目的意識）に対応する。ヘーゲルは「実体の真理が主体である」「必然性の真理が自由である」と主張しており、これが彼の哲学の核心である。そしてこれが本質論と概念論の関係に対応する。本質論では実体と必然性がその最高段階とされ、次の段階の主体と自由が概念論で展開されるからだ。繰り返すが、この主体とは人間のことであり、自由とは目的的活動、つまり労働とその結果である。

(3) 概念論の展開

論理学全体を完成させるのはラストに置かれた概念論だが、それは人間とその労働を中心としている。つまりヘーゲルの論理学は、すべてをこの人間労働という観点から見ていこうとするものなのだ。

では概念論の内部展開に、それがどう反映されているのだろうか。

概念論は主観性論と客観性論、両者の統合である理念論との三段階からなる。主観性論は概念、判断、推理と展開され、客観性論は機械論、化学論、目的論と展開する。理念論は生命論、認識論（内部が認識と意志に分かれる）、絶対理念論と展開する。

こうした展開は、人間の目的意識とその実現過程（つまり労働過程）から分析的に導出されたものだと思う。「初めに目的意識（労働）ありき」である。

人間が目的意識を持って労働するようになったことで、「主観性」（目的を意識する主体）と「客観性」（目的を実現する対象）の対立は生まれる（分裂する）のであり、その分裂した主観性と客観性の統一（目的の実現、労働の成果）から理念が生まれる。これを主観性↓客観性↓理念と並べたのが、概念論全体の展開の意味である。

主観性と客観性の生成は同時なのだが、ヘーゲルはこれを主観性↓客観性と並べる。この意味は何か。

この地球上に人間が生まれて初めて、主体性、目的意識、労働、自由の可能性が生まれた。しかしそれが現実のものとなるのは、人間の労働による。人間が労働を行なう、つまりある目的を意識し、手段を手に取り、ある対象に働きかける活動を行う。その労働過程で人間は目的や手段や労働対象を意識し、自らとその社会をも変革し、その全体の活動を目的意識がコントロールしていく。そこで目的意識（主観性）と客観性への分裂が現れ、その統一も実現する（目的実現）。

客観世界とは、人間の労働過程で人間に対象として意識され、現れてくるものであって、人間と無関係に、人間の外に自立的に存在するものではない。労働過程の中でのみ、人間の外の実在として客観性が現れてくる。

また、対象への意識が生まれることと同時に、自己への意識、自己意識も生まれる。つまり意識が内的に対象意識と自己意識とに二分し、それは外的世界が人間と自然界とに外的にも二分したことを意味する。

人間が存在しない段階では、自我＝自己意識＝目的意識は存在せず、そこには人間の自己意識（主観性）が存在しないだけでなく、自己意識から生まれる対象も存在しないのであり、したがって客観性も存在しない。人間の存在しない世界が広がっているだけなのだ。そこには客観性は存在しない。客観性とは人間の主観性でとらえられた外の世界、他者のことだからである。

だから主観性が概念論の最初に置かれる。人間の存在がすべての前提なのだ。

ただし、主観性を概念論の最初に置いたことには、論理必然的に展開するためという事情もあったと思う。主観性の内容は、概念、判断、推理といった思考法則、つまり普通の意味での「論理学」の内容である。それが最初に置かれたのは、目的論を説明するには推理の媒介過程が前提として必要だったからだろう。まず概念をその三契機（普遍、特殊、個別）からとらえ、その三契機から、概念が判断となり、さらに推理へと発展することを説明し、そこからやっと媒介過程の説明が可能になるからだ。（以上については次の第2章で説明した）

ここでヘーゲルの「客観性」をまとめておく。それは例によって、三段階からなる（『小論理学』

四一節付録二)。

第一に、「単に主観的なもの、考えられたもの、夢想されたもの等々」(主観性の第一の意味)との対比で、「外に存在するもの」という意味。これは「人間の意識の外にある」ということで、普通の人々の使い方がこれである。

第二の理解は、カントが打ち出したもので、それは「普遍的で必然的なもの」という意味である。「感覚に属する偶然的なもの、特殊なもの、主観的なもの」(主観性の第二の意味)と対比される。

第三がヘーゲルの客観概念だが、それはカントの理解を深めたものであり、「事物の概念(自体存在)が思考によって捉えられたもの」という意味である。これは主観性の第三の意味であるが、主客の統一である。

さて、この三段階の客観概念はヘーゲルによる三つの真理概念と関係していることがわかる。客観概念の第三段階「事物の概念(自体存在)が思考によって捉えられたもの」は絶対的真理であり、その中の「事物の概念(自体存在)」は客観的真理が思考によってとらえられた姿である。

(4) ヘーゲルの論理学全体の展開

労働過程で主観性と客観性が現れることを説明したが、これは概念論内だけではなく、論理学全体の枠組みも決めている。

それは最初に「客観的論理学」（存在論と本質論）が置かれ、それを踏まえて「主観的論理学」（概念論）が現れるという展開である。

ここで不思議なことに気づく。論理学全体の「客観的論理学」と「主観的論理学」の順番と、後者の「主観的論理学」（概念論）の内部の主観性と客観性の順番が逆転していることだ。（この問題提起は牧野紀之が行った）

これはどういうことか。

「客観的論理学」の後に「主観的論理学」が置かれるのは、「客観的論理学」が自然の運動、生物の発展過程から人間が生まれたことに対応し、「主観的論理学」は人間が生まれた段階で、人間自身が自己と世界をどうとらえどう変革していくかが問題とされているのではないか。つまり歴史的な人類の生成過程と、そこから生まれた人類がその過程自体をふり返ることで、自らが生まれた意味を考えるという展開である。かくして、概念論最後の絶対理念は始まりに戻る、つまり自然哲学の始まりである。そして、こうした円環構造はヘーゲルの哲学体系全体、つまり論理学→自然哲学→精神哲学の三者の媒介構造にも用意されているのではないか。

こうとらえると、概念論が主観性から始まる意味が改めてよく理解できる。それは人類が生まれ、人間が労働によって自然に働きかけ始めたことに対応する。

また、概念論内の客観性とは、人間の労働過程に現れる客観性だが、それは「客観的論理学」の存在論と本質論の全体であり、その全体を貫く必然性を捉え直したものなのではないか。「客観的論理学」が自然の運動、生物の発展過程から人間が生まれたことに対応するなら、それが概念論内に止揚された客観性の内部を機械的関係→化学的関係→目的論と並べたことは、物質から生命、植物と動物、そして人間が生まれてきた順に対応しているのではないか。

客観性論の内部が大きくは機械的関係（ここでは化学的関係も含む）と目的論として対立させられる意味は、機械的関係とは「客観的論理学」の中では力学などの外的関係の必然性に直接に対応し、目的論こそが人間の労働による自由の可能性に対応するからだろう。

この目的論を踏まえて、概念論の最後に置かれた理念論が、生命論、認識論、絶対理念論と展開されるのは、生物の発展過程から人間が生まれたことから始め、人間の労働過程を認識論（認識と意志）として置き、最後に絶対理念として、以上の認識をした認識（認識の真理）とその実現をする意志（意志の真理）を打ち出して終わっている。それは方法として発展の論理そのものの認識とその実現である。

ここでは生命がその概念に一致し、人間とその認識、意志がその概念に一致し、つまり人間が人間の概念に一致し、世界がその世界の概念に一致した姿であり、それが世界の完成であり、人間の自由なのであり、それが絶対的真理なのであろう。

このように、労働過程の分析から生まれた主観性と客観性という枠組みは、概念論から論理学全体、さらにはヘーゲルの哲学体系全体までを支配していることが確認される。ヘーゲルの哲学体系とは、労働過程を構成する契機、要素を、全体として組み立て直したものと言えるのではないか。

なお、ヘーゲル哲学が観念論だとするマルクスの批判は、その根拠の一つとしてヘーゲルの体系が論理学から始まることを挙げている。論理学、次に論理学が外化したものとして自然哲学、精神哲学と展開するからだ。確かに、これを時間的な順番として考えるなら、マルクスの意味での観念論になる。しかし、論理的順番として考えるならば、決して観念論ではない。ヘーゲルはそれを論理的な順番として展開しているのだと思う。論理学の内部の展開、概念論内の主観性から客観性への順番も同じである。ヘーゲルの真意としては、すべてを発展として展開しようとしただけなのではないか。

(5)『精神現象学』と『論理学』

ヘーゲルがその哲学体系を構築するにあたって、『精神現象学』から『論理学』を導出しようとしたことは良く知られている。

ヘーゲルの『精神現象学』では、主観性と客観性が常に同時に扱われ、間違いの自覚によってそのレベルが次第に高まっていく過程が描かれている。それは人間の精神が経験する過程の分析だとされている。それは「今、ここ」から始まる。同じ操作が、論理学の中では目的論の中で行なわれている。この目的論から論理学の体系のすべてが展開されていることは、『精神現象学』から『論理学』が生まれたことに対応するだろう。

第2章 「普遍性・特殊性・個別性」と「概念・判断・推理」

次の第Ⅴ部では人間とは何かをテーマとする。

そこでは労働を中心に置くことになるが、それを理解するには、概念論の主観性論における、「普遍性・特殊性・個別性」、「概念・判断・推理」の理解が欠かせない。

人間の主体性とは、自然と自らに働きかけ、それを本来のあり方に変革する活動であり、その活動の対象として、またその活動の結果として現れるのが客観性であり、その活動を通して人間の側と自然の側に実現されるのが理念である。

その前提にあるのが人間の認識と意志の力だが、それはすべて普遍性・特殊性・個別性をとらえる能力、概念・判断・推理の能力を基礎とする。

(1) 普遍性、特殊性、個別性

主観性論は概念、判断、推理の順に展開される。

主観性論冒頭の「概念そのもの」の箇所で、概念の三契機として、普遍性、特殊性、個別性が説明される。

人間は思考と、思考に支えられた意志によって生きるが、その思考と意志において、この普遍性、特殊性、個別性の三契機が活動をしている。そこで、この三契機の説明から概念論が始まっている。

この概念の三契機、普遍性、特殊性、個別性をどう理解したらよいのだろうか。

まず、第一に、概念論の運動は発展なのだから、この三契機とは発展の三段階と関係するはずである。

ヘーゲルの論理学は、存在論、本質論、概念論の三段階で展開される。

存在論の運動は、他者への移行（変化）であり、これは外化である。

本質論の運動は、他者への反照であり、反省であり、これは内化である。

概念論は、存在論と本質論の両者の真理であり、その統一である。したがって、存在論の変化の運動と、本質論の反照、反省の運動の統一が、概念論における発展の運動である。

発展の論理は、存在するものすべての運動を貫き、認識の運動をも貫くはずであるから、論理学のすべては発展の論理で貫かれているはずだ。存在論も本質論も概念論もそうである。

発展の運動は概念論の運動だが、存在論の変化の運動、本質論の反省の運動の根底にすでに潜在的には存在しており、それが顕在化したのが概念論だという違いがあるだけのことだ。
存在論と本質論ではまだ二項対立（本質と現象、同一と区別、原因と結果など）が前面に出ていて、三項目はその後ろに隠れていた。そのすべてが外化し、三項が三項として展開されるのが概念論である。概念論では、発展の論理が、発展の論理として展開する。だからヘーゲルは概念論の運動を発展だと言うのだ。

ヘーゲル自身は、普遍性、特殊性、個別性の三契機について、本質論の同一性、区別、根拠を、概念論の段階でとらえ直したものである、と述べている。

「概念そのものは、普遍と特殊と個別の三契機を含み持つ。普遍とは、その規定された姿の中での普遍の自由な自己同等性〔同一〕であり、特殊とは、その中で普遍がくもりなく自己と等しくあるところの規定〔区別〕された姿態であり、個別とは規定態と普遍との自己内反省〔両者の統一、根拠に戻った姿〕である。しかし、この個別における否定的自己同一は、絶対的に規定されながら同時に自己同一でもある、つまり普遍でもあるものである」（『小論理学』二八三節本文）。

「普遍と特殊と個別を抽象的に取るならば、それは、それぞれ、〔本質論の〕〔自己〕同一性と区別と根拠に当たる。しかし、普遍は〔確かに〕自己同一者であるが、自己内に特殊と個別を含み持つという意味を外に押し出してもいる自己同一者である。又、特殊は区別されたものないし規定された姿であるが、同時に自己内で普遍的でも個別的でもあるという意味を持った区別態である。同様に、個別は、類を自己内に含み持ちそれ自身で実体でもある主体ないし根底であるという意味を持っている」（『小論理学』二八三節本文）。

こうした対応関係は、本質論の同一性、区別、根拠と、普遍性、特殊性、個別性の三契機の間にあるだけではない。

存在論では存在と無と成から始まり、それが変化の運動となると、定存在の質（規定）と限界と制限＝当為（変化）の関係となり、それは発展として an sich,für sich,an und für sich の三者の関係とも重なる。

これが本質論では同一性、区別、根拠として、矛盾の運動として現れる。それは現象論を経て、現実性論では可能性、偶然性、現実性（必然性）となる。この現実性論では、発展が外化と内化の運動の統一であり、終わりが始まりに戻る円環運動であることを示している。終わりが始まりに戻るならば、発展の始まりにあった前提は、実は発展の結果生まれ、定立されたものであることになる。つまり、最初の前提する運動は、定立する運動であったことが明らかになっている。

そして概念論の主観性論冒頭では、これらが概念の三契機、普遍性、特殊性、個別性としてとらえ直され、最後に概念論のラスト絶対理念論の「方法」で、発展の運動の「始め」「中」「終わり」としてまとめられる。

以上の事から、ヘーゲルの普遍性、特殊性、個別性とは、発展の三段階を三契機としてとらえたものであり、理念論の「方法」、発展における「始め」「中」「終わり」に該当することがわかる。

つまり、普遍性とは、発展における「始め」であり、同一性である。発展の始まりにおいて、まだ分裂も起こっておらず、区別もない一つの（同一の）段階である。その本質はまだ外化されていない。

特殊性とは、発展における「中」であり、区別でもある。それは始まりの一つだった状態が分裂し、区別が外化し、多様性がおおっている段階。こうした多様性の中に本質が外化している。しかし、その内部では差異↓対立↓矛盾へとの運動が展開し、その運動によって、根拠に戻る。ここでその本質が何であったか、そしてその本質の限界が確認される。

それが最後の個別性であり、それは発展における「終わり」である。

普遍性とは分裂前の最初の段階であり、特殊性とはそれが分裂した段階であり、その分裂は統合されて、個別性になる。それはまた最初の一つの状態、普遍性へと戻ったとも言える。

ただし、最初の普遍性の段階はただ同一というだけの抽象的普遍だったが、個別性の段階は、特殊の段階に現れた分裂、区別、多様性を止揚した、具体的普遍になっている。（以上は、許万元と牧野紀之の説明を踏襲している）

(2) 概念、判断、推理

普遍性、特殊性、個別性についてのこうした理解の上に、ヘーゲルは概念、判断、推理を三段階からなる発展としてとらえなおしていく。

概念とは、始まりに該当し、普遍性の段階だが、その内部に普遍性、特殊性、個別性の三契機を持っている。それが運動を引き起こす。

判断とは、普通にはA＝Bの形式にまとめられるが、AとBが一体の普遍性の始まりの段階が分裂してAとBに分かれた特殊性の段階として、つまり判断（Urteil＝原始分割）としてとらえるのがヘーゲルである。普通の理解では AとBは相互に独立した存在で、その両者の関係に同一性を見抜くのが判断とされるが、ヘーゲルは逆に、もともと同一だった存在が分裂して区別が生まれたと理解するのである。

こうした判断に対して推理とは、このAとBとに分裂したものが、AとBを媒介するCによって一つに統合される個別性の段階としてヘーゲルは理解する。

このCは、AとBを契機として自己内に持っているからこそ、AとBを媒介できるのである。

ここに全体として三段階で現れる展開、つまりAとBが一体の段階（概念そのもの）、それが分裂してAとBに分かれた段階（判断）、それが統合される段階（推理）、これをヘーゲルは発展としてとらえ、それを概念の普遍、特殊、個別の展開としてとらえたのだ。

なお、ここで注意すべきことは、この全体として、普遍、特殊、個別の三段階の発展の、それぞれの段階がまた、普遍、特殊、個別の三段階の発展の構造を持っていることだ。

概念そのものは、その三契機として普遍、特殊、個別を持っていた。

判断論の内部も、推理論の内部も、普遍、特殊、個別の三段階で展開する。

これは、概念論全体の、主観性論と客観性論、理念論の三部構成にも言えることであり、客観性論、理念論の内部でもいえることである。例えば、客観性論の最後に置かれる目的論でもそうなっていることは、一七二頁以下で確認していただく。

さらにこれは、論理学の全体、さらにはヘーゲル哲学の全体(論理学、自然哲学、精神哲学)にまで拡大する。すべては発展だからである。

(3) 存在の運動と認識の運動と

始めに戻ろう。概念そのものの普遍、特殊、個別の三契機から、判断論、推理論を説明したが、こうした主観性論は、人間の主観内部の思考法則の話だろうか。

そうであるが、そうではない。そもそも存在の運動が普遍、特殊、個別の三契機からなる発展の運動をし、存在の運動が概念、判断、推理の運動を展開している。だから、人間の思考もそれを反映することができるようになっているだけなのだ。

すべては発展であり、発展とは始まりから終わりを持った円環であった。そしてその内部にも、その外部にも、同じ円環構造が展開する。それが、ここでは普遍、特殊、個別の三契機から説明されているのだ。

人間は、その思考による認識がこの普遍性、特殊性、個別性の三契機を持ったことで、存在するものが発展する上で持つ三契機（普遍性、特殊性、個別性）をとらえられるようになり、概念、判断、推理の能力を持ち、意志もまたこの能力で行為をすることができるようになった。

人間はこうした能力で自然に働きかけること、つまり労働を始める。否、労働の中でこうした能力を獲得していったのである。なぜ、どのように、それが可能になったのだろうか。

それが可能になったことは、人間に何をもたらしたのだろうか。

第Ⅴ部　人間とは何か

第1章　人間と労働

(1) 人間と動物の違い

(a) サルから生まれた人間が、本当に人間になるまで

人間はどのように誕生し、どのように人間になったのか。

それについては、広く一般に、よく知られているように思う（例えばエンゲルスの「サルの人間化における労働の役割」）。そのラフスケッチを描くことから始めよう。


人間はサルから分かれて、人間になった。

森の木の上で生活をしていたのだが、木を降りて、二足歩行をするサルが出てきた。それが人間の遠い先祖である。

二足歩行は、手を自由にし、その元サルは手によって自然対象に働きかけることができるようになった。

さらに、彼は道具を発見し、手でその道具をあやつれるようになる。道具の始まりはたまたま身近にあった物を使用しただけだったろうが、その威力の大きさに気づくと、意識して道具を作るようになった。さらに道具の改良まで可能になった。

道具の使用は、道具（手段）と目的の区別の意識を生み、それが目的の意識となる。このような目的意識をもって自然に働きかける活動は、人間だけに可能なもので、それを「労働」と呼ぶ。

人間は、自然界の労働対象に道具（労働手段）で働きかけることで、その成果を量的にも質的にも拡大させることができた。

労働は、人間が個人で行うのではなく、常に集団で行う社会的な活動である。そのために、自然への働きかけの際に、集団としてのより良い働きかけをすることによって、さらにその成果を大きくすることができた。

こうした労働の成果を高めるために、言語・言葉が生まれ、思考・認識と意志・実践が生まれた。

労働の成果を高めるためには、目的と手段の関係を意識し、手段の良し悪しを考え、そもそもの目的の是非も考えるようになる。

それが思考と思考による意志を生んでいく。その際に、思考も意志も言葉によって行われるのであり、言葉・言語が始まる。

また、労働は社会的な活動であり、人間同士の意志疎通のためにも言葉・言語が必要となる。さらにどのように集団としての働きかけをするかを考えるようになり、その統一された行動を生むためにも、言語による思考・認識と意志決定を必要とした。

労働過程における、こうした能力的な高まりと成果の拡大によって、人間の可能性は飛躍的に拡大した。人間は自然を支配し、他の生物を支配できるようになった。

以上は、私たち人間についての、世間一般で広く受け入れられている成功物語であろう。しかし、こうしたまとめ方は、ひどく外的で浅薄である。人間の内的な苦しみ、葛藤と社会内での闘争、端的に言って人間には悪があることをとらえていないからである。

(b) 自己意識と「自己との無限の闘争」――内的二分の極北

ヘーゲルは、生物一般と人間を、自己意識の有無で区別する。自己意識こそを人間の本質としてとらえているのだ。

「人間が自然的存在を脱却することは、人間が自己意識を持つものとして、外界から自己を区別することを意味する」(『小論理学』二四節付録三)。

そして、この自己意識こそが、人間に「自己との無限の闘争」をもたらした。そこにヘーゲルは、人間の「原罪」の根拠を見ている。

ヘーゲルは生物一般、つまり植物や動物の成長・発展は、自己意識を介さないので、直接的で、対立のない、妨げられない仕方でなされるが、人間の成長・発展は自己意識を介するので、間接的で、対立をふくみ、妨害をはねのけるようにしてなされる。したがってそれは「自己との無限の闘争」になる、と説明する（『歴史哲学講義』の序説「C世界史の歩み」の「（a）発展の原理」から。ただしここでは「自己意識」ではなく「意識」としている。問題の核心は意識が内的に二分したことであり、その結果が「自己意識」なのだから、両者はヘーゲルにとって同じなのである）。

これはどういうことだろうか。

植物は、ドングリの発芽から樫の木に成長するまで、それぞれの段階で外的条件がそろえば、それが実現し、条件がそろわなければそれは実現しない。環境に合えばよいが、合わない場合は滅びるだろう。

動物は感覚と衝動で生きている。衝動が起これればそれに従うだけで、それ以外の選択肢はない。環境に合えば、そこで繁栄できるが、合わない場合は滅びるしかない。

もちろん、植物も動物も、環境に合わせて個体や種としての形態を変え、その群れのあり方を変えてきた。自然環境への適応方法であり、それが進化、発展である。

ただし、そこに意識は関わることはなく、その活動は無意識に無自覚に行われる。そこで変化には時間がかかるし、短期での対応は不可能である。

人間はどうなのか。人間は自己意識によって自分自身を自覚的に変え、社会を意識的に変えることで、環境に合わせることができるようになった。そこに人間の他の動物に対する優位性がある。しかし、それは「自己との無限の闘争」という代償を払うものでもあるのだ。

先に生物の固有の運動とは、自己内二分の活動であることを説明した。その自己内二分の運動が極まったありかたが、この自己意識であり、その「自己との無限の闘争」なのではないだろうか。

自然の発展、生物の進化の全体は、物質→生命・生物（植物→動物→人間）としてまとめられる。ここからヘーゲルは、人間は自然の真理であり、人間は他のすべてを止揚している、と主張するのだ。

このようにまとめられるのは、人間以外の存在は、すでに完成し、または終わりを迎えているからだ。ところが、人間だけはそうではない。すべてを止揚して生まれたことは確かだが、まだ完成したわけでもないし、終わったわけでもない。

人間を止揚した存在はまだ現われていないし、何よりも、その社会は今も運動し発展しているのである。

他の生物でも、昆虫のアリやハチなどは高度な社会を作っていることで有名だ。高度な社会とは、生物の自己保存のために有効な機能分化のされた社会のことである。それは栄養という自然への働きかけや生殖と子育てのための機能分化である。彼らは、高度な社会を実現している。しかし、それはすでに完成しており、その先の発展はない。同じ社会が繰り返されるだけである。

人間は違う。人間は高度な社会を作り上げただけではなく、それをさらに自覚的に意識的に発展させてきた。それが人間の歴史、人類史である。

このことと、人間だけが自己意識を持ち、「自己との無限の闘争」を戦うようになったことは深く結び付いているのではないだろうか。

(2) 人間の労働

(a) 自然への働きかけが意識的になった

人間とは何かを考える時、他の生物、他の動物との違いを考えることになる。

生物の戦略は、自己保存の目的（外的二分とその克服）のために、自己を変える（内的二分とその克服）ことを媒介として自然に働きかけることで、自己保存の目的をよりよく達成することだった。

動物までは、「自己保存の目的」は意識されず、「自己を変えること」も意識されず、「自己を変えることを媒介とする」ことも意識されず、「自然に働きかけること」も意識されなかったのである。

人間の労働過程は対自然の過程だが、それは対社会の過程でもある。労働は集団で行うからである。したがって、労働では常に社会のあり方が問題になり、人間は社会を変えてきたのである。

人間だけが、それらを意識し、自覚的にそれを行うようになった。それが人間の思考と意志による活動であり、それを「労働」と呼ぶのである。

人間の意識、自覚は、「自然に働きかけること」から始まり、「自己を変えること」や「自己を変えることを媒介とする」ことを自覚した。「自己保存の目的」は、遅れて意識されるにいたる。「自然に働きかけること」が意識されるようになるのは、人間が道具を発見し、道具によって自然に働きかけるようになってからである。そして、そこから目的意識が生まれてくる。

目的意識をヘーゲルは次のように説明する。人間は主観（意識）内に目的を持ち、それを外の客観世界に実現する。両者を媒介するのは道具（手段）である。人間は目的のための良い手段を考え、作ることで、目的を達成しようとする。この全過程で、人間の目的が最初から最後までを貫く。これが目的意識であり、目的意識に貫かれた活動が労働である。

(b) ヘーゲルの目的論

ヘーゲルは、概念論の客観性論の目的論で、目的意識、人間の労働を論理的に、原理的に考察している。

ヘーゲルの客観性論では、人間の労働対象となった世界とそれへの人間の働きかけが描かれる。客観性論は機械論、化学論、目的論と展開されるが、これは自然界への人間の働きかけが、機械論、化学論、目的論という三段階のレベルを持つことに対応する。目的論は人間の労働過程の原理的な説明である。

目的意識とは、人間の意識内の目的（主観）と、その客観世界における実現、それをつなぐ中項（手段）、この三項から成る。

目的論の説明は、労働における人間の活動の過程に従って、人間の意識内の目的（主観）→客観世界での労働、つまり労働手段（道具）による労働対象への働きかけ→客観世界における目的の実現、と並べられる。

この労働過程は、主観（人間）と客観（自然）の対立が克服される過程であり、発展の過程である。それをヘーゲルは三項からなる三段階の発展の過程で説明する。この三段階のそれぞれの内部にも、また三項からなる三段階の発展があることをヘーゲルは見抜いている。

この三段階のそれぞれの内部でも、分裂して二項から成る対立が起こるのだが、それを止揚して次の段階へと進むから三項になる。ここにも発展があるのだ。

人間は、第一に、意識内に目的（主観）を持つ。これは、まだ目的を持たなかった、区別のない普遍の状態が分裂し、特殊の目的を持つことである。この目的選択については、『法の哲学』の序論で意志決定の三段階として説明されている。（第4章(7)を参照）

人間は、自らの特殊な目的を意識した時、主観と客観の対立を意識し、客観へと、外界へと働きかける活動に移る。これが労働の活動である。

第二段階の労働は、主体的活動と、客観世界の手段（肉体と道具）に分裂し、それが主体のもとに統合される。さらに客観世界は、労働手段（肉体と道具）と労働対象とに分裂し、この両者の関係の中で主観的な目的が実現する。労働の生産物がここに生まれる。この生産物が主観と客観の対立の一応の解決である。

客観世界の労働手段と労働対象との分裂とその統合、これをヘーゲルは「理性の狡知」と呼ぶ。「理性はさまざまな客体それぞれの本性に則って互いに作用し合い働きかけ合い疲れさせ合うのを放任し、自分は直接その過程に入り込もうとしないにもかかわらず、理性の目的だけを実現するようにするという媒介活動です」（『小論理学』二〇九節付録）。

これは、機械論、化学論の過程であり、人間はそこでの必然性を法則としてとらえ、それを利用することで、巨大な威力を自然に対して発揮できるようになった。

エンゲルスはこのことを「自由とは必然性の洞察である」とし、「自由は、夢想のうちで自然法則から独立する点にあるのではなく、これらの法則を認識すること、そしてそれによって、これらの法則を特定の目的のために計画的に作用させる可能性を得ることにある」と述べている（『反デューリング論』第一編哲学一一章「道徳と法。自由と必然性」）。

この第二段階における論点で重要なことは、ヘーゲルが人間の肉体を客体、つまり道具としてとらえていることだ。人間が何で道具一般（自然）を支配できるのかと言えば、肉体（自然）を持ち、肉体が道具をつかむことができ、その肉体は精神が支配できるからなのである。しかし、ここからは逆に肉体の訓練、技能教育という問題が出てくる。

「生物は肉体を持っており、魂は身体を支配し、肉体の中で直接自己を客観化しています。人間の魂は自己の身体を自己の手段にするためには多くのことをしなければなりません。人間は身体を魂の道具にするためにはいわばそれを占有取得しなければならないのです」（『小論理学』二〇八節付録）。

つまり、人間は労働の過程で、自らの肉体の可能性を実際の能力にまで鍛え上げ、高めていくのだし、そうしなければならないのである。それが「占有取得」の意味である。

第三に、客観世界において実現した目的、つまり生産物もまた、他の目的の手段や労働対象になっていく。こうしてこの過程が繰り返され、主観・客観対立の克服は、拡大・拡充されていき、人間の自由が獲得されていく。

この第三段階の、生産物がまた、次の生産物のための手段となり、労働対象になることから、人間にとっての道具は、無限に改良されていくことが可能になったことが説明される。これが人間だけは道具の改良を繰り返すことが出来た理由なのである。

(c) 自然の変革から社会の変革へ

ヘーゲルの目的論は、後世に大きな影響を与えた。マルクスも、自らの労働過程論をまとめる際（『資本論』第一巻第五章第一節）に、ヘーゲルの目的論をそのまま下敷きにしている。ただし、マルクスには唯物論、唯物史観の観点から、それを深めている点がある。

例えば、目的論の第二段階において、ヘーゲルが人間の肉体をも客体、つまり人間の道具としてとらえていたことを踏まえて、次のように述べている。

「人間は、自然素材にたいして自分自身をもまた自然力として相対する。〔つまり〕その自然力とは人間の肉体にそなわったもので、腕や脚、頭や手の持つ能力である。人間はそれらを働かせることによって、自然素材を、自分自身の生活のために使用されうる形態にしてわがものとする。人間は、それらの能力を動かすことによって自分の外の自然に働きかけてそれを変化させるが、それだけではなく、同時に自分自身の自然を変化させる〔肉体と精神の能力を高める〕のだ。人間は、自分自身の自然のうちに眠っている可能性を〔能力にまで〕発展させ、その能力の発揮（労働）を自分のコントロール下に置く」（『資本論』第一巻第五章第一節）。

ここでマルクスは、肉体として「頭」をも出すことで、人間が労働過程で変革するのは肉体から精神までの人間の全能力であることを示し、さらに変革の対象は「自分の外の自然」だけではなく、「自分自身の自然」、つまり人間社会でもあることを示したのだ。

この二つの点は、マルクスがヘーゲルの労働論を前進させた点である。なお、「人間は、自分自身の自然のうちに眠っている可能性を〔能力にまで〕発展させ、その能力の発揮（労働）を自分のコントロール下に置く」では、ヘーゲルの考えが継承されている。

エンゲルスもマルクスと同じ立場であることは、先に引用した文の直後に以下のように書かれていることからも確認できる。

「これは、外的自然の法則にも、また人間そのものの肉体的および精神的存在を規制する〔内的自然の〕法則にも、そのどちらにもあてはまることである」。

「自由とは、自然的必然性の認識にもとづいて、われわれ自身ならびに外的自然を支配することである」。（『反デューリング論』第一編哲学一一章「道徳と法。自由と必然性」）

「われわれ自身」の支配が社会変革であり、「外的自然」の支配に対置されている。

人間の労働過程は対自然の過程だが、それは対社会の過程でもある。したがって、労働では常に社会のあり方が問題になり、人間は社会を変えてきたのである。人間は、手段として客観世界の内部の道具や労働対象をとらえるだけではなく、人間自体、人間の社会そのものをも手段として意識するようになるのだ。

こうした点で、マルクス・エンゲルスは明らかにヘーゲルの先を行っているが、ヘーゲルにそうした観点がないわけではない。

目的論でのヘーゲルは、主体（人間）と客体（自然）の対立とその克服という方向で問題を考えている。精神面や社会変革の側面は、「肉体」を出すことでan sichに示すにとどまっている。それらは、ヘーゲルの体系では『精神哲学』で、さらに詳しくはその『法の哲学』で扱ったのだ。例えば以下である。「私の有機体としての身体を技能へと作り上げたり〔技能を身につけたり〕、私の精神を形成したりする〔学問や教養を身につける〕ことも、〔物的財産を占有取得するのと〕同様に、身体や精神を多かれ少なかれ完全に占有取得し、〔私＝自我がそれを〕貫徹することである」（『法の哲学』第五二節注釈）

しかし、この決定的に重要な論点は、論理学の中でこそ、しっかりと位置づけておかなければならなかったし、『法の哲学』を踏まえても、その社会変革の観点は弱い。社会変革こそが、ヘーゲルが言うところの人間の「自己との無限の闘争」を生み出したはずである。それを考えると、この点の不十分さは、ヘーゲル哲学の大きな欠陥だろう。

マルクスやエンゲルスが、社会変革の観点こそ強調したのは、彼らが革命運動のリーダーだったことからして当然である。

さらにマルクスには、自然と人間との関係の理解でも、ヘーゲルを超える観点を出していると思う。

「自然的なもの〔道具のこと〕がそれ自身〔労働手段として〕人間の活動の器官になる。その器官を彼は、聖書の言葉にもかかわらず、彼自身の肉体器官〔手足〕につけ加えて、彼の自然の姿を引き伸ばすのである」（同上）。

こうしたとらえ方からは、人間が自らの肉体を延長させ、道具から、さらには自然一般にまで拡大していくことが予測される。そこからは逆に、自然における意識、自己意識、精神として、人間をとらえることも可能になるのではないか。こうした可能性をマルクスは打ち出していると思う。

ただし、私には、マルクスやエンゲルスには、ヘーゲルと同じレベルの理解の浅さ、不十分さがあると思う。それは以下の部分だ。

「人間は、自分自身の自然のうちに眠っている可能性を〔能力にまで〕発展させ、その能力の発揮（労働）を自分のコントロール下に置く」（同上）。この中の「自分のコントロール下に置く」が、私が問題にしたい点である。

これについては後述する。

第2章　自然の変革
——自然への働きかけから自己意識が生まれ、「自己との無限の闘争」が始まる

⑴ 道具によって感覚と衝動の一体性が壊れた

動物は感覚と衝動で生きている。それは感覚と衝動と衝動を満たす行為、この三者が直接的で一体になっているということである。

動物は生きる上での危機や欠乏や欠落にさらされているが、それを感覚することができる。そして、その感覚の内容（飢え、のどの渇きなどの欠乏）を意識することで、それはその欠乏への欲求となり、その欠乏を埋めるための衝動が意識される。その衝動は、危機や欠乏状態を解決するべく動物を駆り立て、動物は外界に衝動を満たす対象（食べ物や飲み物）を探し、それを食べたり飲んだりする。

このように、動物にあっては、感覚と欲求と衝動と衝動を満たす行為が連続しており、それが中断されることはないのである。

この欲求、衝動は、動物の活動の目的だし（『小論理学』二〇四節注釈）、衝動を満たす行為は目的の実現である。これが動物の合目的性である。ただし、そこには目的の意識はなく、行為があるだけだ。

この活動の始まりから終わりまでを貫くのが動物の意識であるが、この意識を「意識」と呼ぼう。後に人間の意識は「対象意識」と「自己意識」へと分裂するので、それ以前の意識を「意識」と呼び、それ以降の意識と区別できるようにするためである。

ヘーゲルは、動物において、衝動と衝動を満たす行動との間に、その一体性を妨げるものが存在しないことを、動物の本質的低さとしてとらえる。しかし、人間は違う。

人間は労働の過程で道具を発見し、その道具で自然に働きかけることを始めた。それまでは食べ物や飲み物を見出せば、ただちにそれを食べたり飲んだりした。それを道具が断ち切る役割を果たした。

その結果、人間は衝動と行為の間の分裂が起こるようになった。道具は、人間の感覚と欲求と衝動と衝動を満たす行為の連続性を壊したのである。

道具は、衝動と衝動を満たす行為を分裂させ、感覚と欲求と衝動との連続性を断ち切った。

人間の内的欲求や衝動と、それを満たす外界がこれによって分裂し、それを意識する意識もまた、内的に分裂した。欲求や衝動への意識と、外界への意識である。

ここに、意識の内的二分が始まったのだ。これは、生物に固有の内的二分の運動の一つであるが、この新たな内的二分、つまり意識の内的二分が、人間を人間にする上で、決定的な一歩となった。

(2) 意識の内的二分─対象意識とその反省

動物の意識と人間の意識とは何が違うのか。

動物は衝動を持った時、その衝動と衝動を満たす行為とは一体であり、それを妨げるものは存在しない。動物は衝動を満たすための対象を外界に見出し、それで衝動を満たす（それができなければ死ぬのみ）。こうして対象を意識するのだが、それは衝動を満たすことで終わる。衝動を満たした後では、対象はなくなるか、もはやそれは対象ではなくなる。対象の意識も、対象をさがそうとする意識もなくなる。したがって外への意識そのものも消える。外界への意識がないとは、外界が存在しないということと同じである。

動物は衝動を持った時だけに、外界の対象を意識し、その時だけ外界が存在するのだ。動物においては、すべては衝動の有無が決めるのである。

人間は違う。人間は道具を使用するようになったが、衝動の対象を食べたり、飲んだりしても、道具は消えることがない。そして同じ道具を繰り返し使用することで、道具への意識は消えることがない。その結果、衝動の有無とは関係なく、道具の側の世界、外界、客観世界、外的対象は消えることなく存在し続け、つねに意識されるようになる。

人間が外界を意識できるようになると、今度は逆に人間の内的欲求や衝動が意識されるようになる。こうして人間の意識は内的に分裂した。欲求や衝動への意識と、外界への意識である。

この欲求や衝動を満たすことが人間の活動の目的であり、この欲求・衝動に対する意識を「目的意識」と呼ぼう。それはさらには「自己意識」、自我となっていく。

それに対して、道具や衝動の対象への意識、外界への意識を、「対象意識」と呼ぼう。

このように意識の内的二分が一度起これば、その目的意識も対象意識も、後にさらに分裂していくことが可能になる。しかし、こうした分裂はかならず統合される。それが生きることであり、成長・発展なのである。

(3)「間違い」の自覚と「認識」の自覚が始まる

人間の意識は、ひとたび二分（分裂）することを学べば、その後はそれを無限に繰り返すことができる。意識（対象意識）は分裂して、意識内に対象を同時に二つ以上イメージすることができるようになり、その比較をし、いずれかを選ぶことができるようになった。

人間の認識の始まりと意識の内的二分については、ヘーゲルが「意識の自己吟味の論理」として説明している（『精神現象学』の序文）。これは「間違いの自覚の論理」（牧野紀之の命名）である。

普通には、間違いとは次のようにとらえられている。人間は外界の対象を、自らの意識内に対象の像（イメージ）として取り組む。その対象の像が、実際の対象と違うことに気づく。その際の、間違いかどうかの基準は外界の対象自体であり、それが基準となって間違いに気づく。以上が普通の理解である。

しかし、これはきわめて表面的な考え方である。この見解では、意識内の対象の像と外界の対象自体を比較する主体は何か、どんな主体がどのようにそれを行うのか、それが説明できないからだ。その主体とは結局は意識（対象意識）自身であり、基準は意識内にあるとしか考えられないのではないか。

ヘーゲルは、間違いの基準が意識内にないならば、間違いに気づくことはできないと言う。意識内に二つの対象の像があり、その比較検討によって間違いに気づけるというのだ。

人間は、対象を意識内に像として取り込むのだが、次に同じような対象に出会った際には、その新たな対象をもまた新たな像として取り込む。しかし、すでに最初に取り込んだ像が記憶にあり、それが思い出されて、新たな像と過去の像との二つがそこで突きあわされる。そこでの基準は、過去の像である。新たな像がそれと違う場合に、間違いの自覚が起こる。新たな像が修正される場合もあるが、過去の像という基準自体が見直される場合も起こる。こうした過程を無限に繰り返していくことを、人間の認識の深化の過程としてヘーゲルはとらえる。

ここで重要なことは、意識の内的二分が、「間違いの自覚の論理」を可能にし、認識の深まりを可能にしているということだ。これは対象意識が分裂し、対象意識を反省する意識が生まれたことを意味する。意識は内的分裂によって、同時に二つ以上の像を思い浮かべることができるようになり、それらの比較検討をし、いずれかを選択することが可能になったのだ。

人間はこのようにして対象意識に対する反省を繰り返し、対象の意識、つまり対象のとらえ方が「間違い」を犯すことを意識し、その修正の仕方を学んでいく。ここから対象の「認識」の自覚が始まる。

(4) 目的意識の芽と「意志」の芽生え

人間は対象の「認識」を意識的に行うようになり、認識は自己反省を繰り返すことで、対象の本質へと迫っていく。

他方で人間は、自らの欲求、衝動に対する認識とその反省を繰り返す。これが目的意識となっていく。

人間の対象認識は目的意識とともに、もちろん労働の中で生まれた。人間は目的（衝動を満たす）の意識を持って労働を始めるから、外界への認識は衝動の直接的な対象（労働対象）から始まったのだろうが、それ以上に重要だったのが道具（労働手段）の認識だったろう。道具によって対象の獲得の成果が大きく変化するからだ。そこで、労働の成果も認識の重要な対象になったろう。

ここで、目的（欲求、衝動）と、労働（労働対象への道具による働きかけ）と、その労働の成果の三者が意識されるようになる。目的と成果、両者を媒介する道具が意識され、目的と手段の関係や媒介性という認識が始まる。そして、目的と手段について、その適切な関係について意識するようになる。これが合目的性の意識、目的意識の芽である、

道具は、その始まりは偶然にそこにあり、手に取っただけだったかもしれないが、目的に合った道具の制作、さらなる改良が繰り返されるようになる。道具の改良の成否は、その成果によってはっきりと示され、対象（道具と労働対象）の認識はその正否を確認することができた。こうして対象認識の反省を無限に繰り返すことが可能になり、道具の改良も無限に繰り返すことが可能になった。この点は、ヘーゲルの目的論の第三段階で見事に説明されている（一七五頁）。

また、労働過程の最初にある目的と成果が比較されるようにもなり、当初の目的の吟味が始まる。終わり（成果）は始まり（目的）に戻るのである。こうして労働過程の始まりから終わ

りまでの全体を、合目的性の観点から反省、検討するようになる。ここに全体の過程が、目的という中心を持ち、それを実現していく過程として意識されるようになる。これが目的意識の確立である。

当初の主観内の目的の吟味が始まれば、次には目的の修正、新たな目的が意識される。ここから目的への意識が明確になる。それが「意志」の芽生えである。意志とは合目的性の認識から生まれるものであり、そこには必然性が含まれている。

このように対象意識が深まっていく過程では、対象を意識し、対象を認識し、対象を変えることを目的とする（意志する）「主体」が意識される段階が来る。それが「自己」の意識、「自己意識」の芽生えである。ここに対象意識から、自己意識が立ち上がってくる。逆に、この段階で初めて対象意識は「対象意識」として意識されるのである。

(5) 自己意識の確立と自我

人間にはすでに意識の内的二分が始まり、対象意識を反省する（認識）意識としての主体性の意識はあり、意志を意識する主体としての主体性の意識も形成されている。それは自己意識の芽であるが、「自己」の意識はまだ生まれていない。それが「自己意識」として立ち上がる段階が来る。

「自己意識」とは自己についての意識であるが、さしあたっては、選択をする際の主体の意識である。ただしそれが深まっていくと、「自分とは何者か」という問いとその答えの意識になり、それは同時に、「自分はどう生きるのか、何のために生きるのか」という問いと答えに関する意識となる。

この自己に対する問いは、他者への問い（「この他者とは何者か」）に広がり、それは人間一般への問い（「人間とは何か」「人間はどう生きるべきか」）に行きつく。

それはさらに、対象意識へと広がり、「この対象とは何か」「この対象にどう関わるべきか」といった問いになり、それは自然とは何か、自然にどう関わるべきかという問いに行きつくのである。

人間が人間になったのは、この自己意識を持ったからである。

この意識には、「自己」という中心、目的があり、その自己との関係からすべてをとらえていくという全面性があり、それが発展することで、「人間」を中心として全世界をとらえていく世界観、人生観となっていく。

こうした自己意識は、実は目的意識を強く意識したことによって生まれたものなのである。労働過程の始まりから終わりまでの全体を、目的という中心とその実現の過程として意識したものが目的意識であり、それが自己の確立となっていくからである。

人間に「自己意識」が生まれ、それが大きく発展してきたのは、人間が労働を行い、労働は人間社会の中で行われ、そこにはつねに他者がいるからである。

他のすべての生物と同じように、人間も個人で生きるのではなく、社会的な関係の中で生きる。たとえば、家族、地域共同体、学校や会社であり、国家であり、国際社会である。

人間がある認識を持ち、ある意志を持ち、その実現の行動を起こす時、それは常に他者との関係の中で、社会の中で実現するしかない。そこには常に他者が存在しており、他者の認識と意志、目的がある。

人間が他者を他者として意識し、自分を自分として意識するのは、目的をめぐる対立、意志における対立がある時である。

自己と他者が一致している時は、自己も他者も意識されることはない。そこには差異があるだけで、対立がないからだ。しかし、人間個人には差異があり、差異は対立、矛盾にまで深まる（「区別」五三頁以下を参照されたし）。

しかし、他者を他者として認めるのは、対立があるからだけではない。他者は自己とは違うし、自己と対立もするが、それでも自己と同じ（同一）だからであり、つまり同じ社会に属しているからである。これは突き詰めていくと同じ人間という種（普遍性）に属するという点で一致するということである。ここに自己同一と自己区別の関係がある。

自己と他者とは、人間であるという点では同一なのであるが、そこには区別があり、その区別は差異から対立、矛盾にまで深まっていく。自己に向かい合う他者は、同じ人間でありながら、対立、矛盾にまで深まる他者である。

ここで、自己と他者と、人間社会との三者の関係を考えると、人間一般が普遍性であり、自己と他者とはそれぞれが個別性であるが、その差異の側面が特殊性であり、ここに普遍性、特殊性、個別性の三契機が一人一人の内に統合されて現れる。

同じ人間でありながら、他者を他者として意識し、また自己を自己として意識した時に、自己意識が立ちあがる。それは他者との対比の中での自己であるが、自己の中に人間全体を普遍性の契機として含んでいる。他者だけではなく、人間という普遍性をも契機として自己内に含み持っている自己、それが自我、「私」である。この意識は逆に、自己も他者も、人間という普遍性の一つの要素、一つの契機であるという自覚にもなる。ここに、自己意識の自我にまでの高まりがある。そしてここに「個人」が始まる。

なおこの「人間という普遍性をも契機として自己内に含み持っている自己」という点が、人間の思い上がり、自分勝手ができるといった軽薄な自由が生まれる根拠である。本来は、同時に自分は人間の総体の契機でしかない、という理解が必要なのである。しかし、そうした思春期にありがちな思い上がりも人間の成長過程における必然的な段階であろう。

普遍、特殊、個別の三契機を含んだ「私」という意識は、人間が思考によって普遍、特殊、個別の三項をとらえることができるようになった段階で可能になっている。人間の自我はこの段階で成立する。これをヘーゲルは、「思考の主体は思考者であり、思考者としての主体を表わす単純な用語が自我である」（『小論理学』二〇節）と表現する。

人間がすべてこのような自己意識、自我を待つに至ったことは、自己内に個人と社会の両面を持ったことを意味する。これが個人と社会との分裂、「自己との闘争」の二重性の可能性となる。

私たちは自分個人の人生での選択をするだけではなく、それは同時に社会レベルでの選択をも迫られることになる。この二つのレベルは相互関係である。

ここに生まれた個人としての意識的な成長と、社会の意識的な発展の可能性は実現する。人間の「自己との無限の闘争」も実現する。それが人間の社会の歴史であり、人類史である。

その人間社会の発展の現在の段階では、すべての人間の内に、同じ自己意識と自我を認め、それゆえにすべての人間を同じ人間の一人、つまり同じ人格としてとらえる段階になっている。これが人間の平等であり、近代の人間観の基礎である。

⑹ 思考と意志の確立

動物も対象を意識しているが、人間は、その対象意識を繰り返し反省することによって感覚段階の個別性の克服を始める。対象は最初は感覚や感情でとらえられるのだから、一つの個別（本当は個別と普遍の分裂前の一体の状態である）として現れ、その認識の誤りが修正されて、また別の個別としてとらえられる。この反省を繰り返す中で、個別としての対象の中に、個別性の否定、つまり普遍性が内在されていることがわかってくる。この普遍性を普遍性としてとらえる段階が思考だが、その芽がすでにここに生まれている。

決定的なのは、労働過程から、目的、労働手段（道具）と労働対象、その成果（労働の生産物）の三項の関係が意識され、その合目的性の反省、検討が始まったことである。目的（主観内）と、その実現（客観世界）、それを媒介する労働の三項がここに意識される。

こうして、目的と手段、目的と成果といった二項の関係から、三項の関係をとらえる段階に進むと、普遍性と特殊性と個別性の三項をとらえる思考が現われてくる。

また、自己意識から自我が確立されるには、人間一般の普遍性、自己と他者との個別性と、その差異の特殊性の三契機が一人の内に統合されることが必要であった。人間の自我とは、人間が思考によって普遍、特殊、個別の三項をとらえることができるようになった段階で成立する。

こうした思考は、対象の中に二項対立を見抜く能力となった。人間は対象を二重化し、対象をその根拠からとらえることができるようになった。これが現象と本質、原因と結果といった関係の理解と、そのようにすべての対象を関係からとらえようとする態度を作り上げた。

こうして、対象を、現象と本質、全体と部分、内と外、因果関係、偶然性と必然性といった形で二重化してとらえることが可能になった。

さらに、対象の二面性を、一つの対象の二つの側面（契機）として統合して理解できるようになった。「根拠」の意識であり、総体性と契機の関係としての理解である。

二項から普遍、特殊、個別の三項からなる理解が可能になったことは、判断から推理にいたる認識の深まりを可能にした。

それは、相互外在性（横並び）から、相互外在性を止揚した全体性の把握を可能にし、点と線と面と立体とからなる空間の理解、過去、現在、未来からなる時間の理解を可能にした。

目的を持つ現在と、それを実現する未来との自覚が生まれると、次には現在の事物が過去の目的の実現として存在しているという自覚を生む。これが歴史意識であり、ここに発展についての自覚の可能性が生まれる。

こうした思考による認識の深まりによって、意志が意志として確立するのである。

(7) 言葉、言語の始まり

思考・認識と意志・実践が生まれるには、それを可能にするための言葉、言語が必要であることは論を待たない。

しかし、言葉がどのように生まれ、発展してきたのかは、難しい問いである。人間社会のコミュニケーションのため、労働における集団のコミュニケーションのためという説明（例えばエンゲルス）があるが、それはいかにも浅薄である。人間と動物の違いが説明できないからである。

動物の中には言葉を持っているものがあること、言葉でコミュニケーションをしている動物があることはすでに知られている。では動物の言葉と人間の言葉とは何が違うのかを明らかにしなければならない。これはそのまま、人間と動物の違いに対応する。

人間と動物の決定的な違いとは人間の自己意識とそれゆえの「自己との無限の闘争」にある。したがって、これが人間だけの言葉を生んだと考えるしかない。つまり、社会内での対立・闘争、個人の意識内部の対立・葛藤に、人間だけの言葉の起源を求めるべきだ。

ここまではハッキリしていると私は考えるが、言葉がどのように生まれ、発展してきたのかについては、まだ自説を発表するほどの用意はない。その具体的な過程については今後の課題としたい。

ただし、言葉の始まりについて、それが呼吸と関係するという点だけを出しておきたい。

言葉の始まりは、書き言葉以前に、話し言葉や語り、否、もっと原始的な叫びやうめきや雄たけびなどであり、歌や身体表現であったはずだ。体と心、その一体の運動、そこから言葉が生まれたはずだ。大きいのは呼吸だ。

呼吸は外と内、体と心を結びつけている。呼吸は吸う息と、吐く息とからなり、そこにはリズムがあり、息の長さがあり、うねりがある。吐く息は発声をともなうことができる。

動物は外界や内部からの刺激に対して、体と心が反応し、そこで呼吸に乗せて音声を出し、感情が高まれば、うねるような体の表現や歌が生まれただろう。それは同じ群れの仲間たちに同じ反応を呼び起こしただろう。

しかし、ここまでは、原始的で感情的、情動的な反応である。知性につながるような意味では、危機的状況の感知があったのではないか。

生物は生きるため、生き続けるため、生き抜くために生きている。それが脅かされるとき、それを感じる。強い危機ほど、それは大きな感知となる。

それは自己内に分裂が起こったこと、自己が欠落している自分と、それを感じる自分に分裂したことを意味し、それは同時に自己と自己外の自然とが分裂したことを意味する。

この自己内二分と自己外との二分、それが大きく強い時、呼吸が止まり、思わず発せられた音、うめき、それが言葉の始まりではないだろうか。それは「ア！」「オ！」などの単音、母音から始まったろう。それは呼吸と深くつながるものであったろう。

それは個体から発された音であるが、その個体が感じた危機は、仲間にも共有されるので、その音は、仲間も発する音であり、同じ音が共鳴する。それがコミニケーションにもなっただろう。


以上が、言葉の始まりと呼吸の関係についての私見だ。もちろんこれは人間だけのことではなく、動物一般に共通するものだろう。ただ、ここでその話をしたのは、呼吸は生物が生きる上で欠かせない物質代謝の一つであり、食べるという栄養摂取と並ぶ、生きる上での必要条件だからである。

人間の思考と言葉はともに、生物が生きる上での最も基本である同化と異化の物質代謝の機能、つまり栄養器官と呼吸器官とから生まれている。

食べることが思考へと発展した。食べることは対象を消化して自己を作るのだが、対象を観念化して自己のものにするのが思考である。その思考を乗せるのが言葉であるが、それは呼吸から生まれている。ともに、生きる上での必須の二つの活動が、人間だけの思考レベルを用意しているのだ。始まりは終わりであり、終わりは始まりに戻ることがここでも確認できると思う。このことに注意を促したかった。

(8) 存在が当為を決める

先に、「自己意識」とは「自分とは何者か」という問いとその答えに関する意識であり、それは同時に、「自分はどう生きるのか、何のために生きるのか」という問いと答えに関する意識であると述べた。

この自己に対する問いは、他者への問い（「この他者とは何者か」）に広がり、それは人間一般への問い（「人間とは何か」「人間はどう生きるべきか」）に行きつく。

それはさらに、対象意識へと広がり、「この対象とは何か」「この対象にどう関わるべきか」といった問いになり、それは自然とは何か、自然にどう関わるべきかという問いに行きつく。

これはどういうことだろうか。

これは哲学的には「存在が当為を決める」とされる問題である。

私たちは何であるか（存在）が、私たちが何をするべきか（当為）を決めるということである。当為の選択の基準とは「存在」だということになる。

これをヘーゲルの発展観、真理観から考えるとどうなるか。

この「存在」とは、その存在の本質であり、概念である。発展の立場からは、その存在は自らの本質を実現し、その概念を実現しなければならない。それが客観的真理である。

これを、「存在が当為を決める」と言い換えたに過ぎない。

ただし、発展において、その本質や概念は、結果から確認される。そこからは「当為（なしたことの結果）が存在を確認する」とも言えることがわかる。

なお、私たちはヘーゲルの論理学の存在論に当為が限界と制限との関係で説明されていたことを思い出す。

すべての存在にはその質的規定から限界があり、その限界を超える可能性がその内にある。それが現実になる時、限界を超える当為が現われ、限界は制限となり、当為は実現する。

これは、「存在が当為を決める」過程をより具体化したものだということがわかる。

ここで、存在を本質レベルでとらえているか、概念レベルでとらえているかで、大きく違ってくることになる。

本質レベルなら、人間とは何か、社会とは何か、という抽象的な問いと答えにとどまる。しかし、概念レベルでとらえるならば、人間が生まれるまでの自然や生物の発展、人間が生まれてからの人間社会の発展を考えなければならなくなる。

だから、自己に対する問いは、他者への問い（「この他者とは何者か」）に広がり、それは人間一般への問い（「人間とは何か」「人間はどう生きるべきか」）、さらに対象意識へと広がり、「この対象とは何か」「この対象にどう関わるべきか」といった問いになり、それがさらに自然とは何か、自然にどう関わるべきかという問いに行きつくのである。

人間が選択をする際には、選択の基準が必要であり、その基準は自然と人間の本質から概念へと深まっていくからである。

この「存在が当為を決める」とは、人間の思考が意志を決め、認識が実践を決めるということである。同時に、認識は実践の反省形態であり、実践が認識を決めるのである。これが「当為が存在を確認する」ことである。

なおここに、人間だけの大きな問題がある。

人間だけは、「存在が当為を決める」という際の決め方が一様ではないということだ。人間の「存在」と「当為」は、人間の概念としては客観的に決まっている。ただし、それが意識（自己意識）に媒介されるのであり、それゆえに多様な当為を生んでいくのだ。（牧野紀之「価値判断は主観的か」）

その違いは単なる差異に止まらず、対立、闘争、矛盾を生んでいく。「自己との無限の闘争」になるゆえんである。この大きな問題については、次章で考えたい。

(9) 思考と意志、認識と実践

意志は認識から生まれ、意志による行為（実践）の結果から、認識は深まる。認識は一方では実践の結果の反省形態であるが、その新たな認識から新たな意志が生まれる。思考と意志、認識と実践は、本来は一体のものである。

人間は、目的を持って実践し、その結果がでれば、結果の反省が始まる。その反省は、対象世界への働きかけ方の反省から始まり、対象認識への反省へと深まるが、最終的には最初の目的の反省にまでいたる。そこで新たな意志が生まれてくる。そして新たな意志はまた結果を生み出すから、その結果からさらに反省が深まり、さらなる目的を生み出していく。

これが意志が認識から深まる経緯である。認識に媒介されていない目的は、衝動や欲求に支配された偶然的なものである。しかし、その反省が深まることで、対象世界の認識が深まっていく。

認識と意志とは、もともと一体のものだが、分裂、対立し、理論と実践の分裂が現われてくる。それは対象理解を深め、自己理解を深め、人間社会の理解を深めるためである。

その分裂の統合を行う主体が「自己意識」（主体性）であり、人間は自らがそうした主体性であることを意識する。反省は、自分自身の在り方、生き方に深まっていき、自分とは何か、何をするべきか、が問われるようになるからである。

なお、ヘーゲルがこの認識と意志を、論理学の概念論中の理念論の「認識」において、認識から意志へとの順番で展開することを批判し、それを根拠として、ヘーゲル哲学を観念論とする意見がある。

これはヘーゲルの発展観を無視した浅薄な批判だと思う。

発展の立場から考えれば、最後のものが、一番最初のものである。意志が最後なら、意志こそが最初にあったものなのである。最初にあったのは意志、つまり目的であり、それは生物の自己保存という目的であった。それが脅かされるからこそ、生物はそれに対応できるように自己を変えることで生き抜いてきた。それは感覚による反応から、思考による実践へ発展してきた。この段階での認識から実践への順番を、ヘーゲルはここで押さえているにすぎない。

最初にあるのは、生きるという目的、自己保存の衝動である。そこに根源的な意志がすでに内在している。それが認識によって明確な目的として現れてくるのが、意志である。意志（生きるという根源的な衝動）こそが根源であり、それが認識を生む。その認識は始まりの意志に戻り、実践をしていく。

これを許万元は「認識は意志の実践的活動の先取りである」（『ヘーゲルにおける現実性と概念的把握の論理』）と説明している。そのとおりだと思うが、許がヘーゲル哲学を、認識と意志の順番を根拠として観念論と批判していることは、理解できない。

⑽ 欲求と衝動について

ここで、人間の欲求や衝動に対するヘーゲルやマルクス、エンゲルスの態度を問題にしておきたい。

本稿では、動物と人間の違いについて、繰り返し以下のことを述べてきた。動物には目的意識も意志もない。衝動に従うことしかできない。人間は自らの衝動を肯定も、否定も、従うことも、従わないこともできるようになった。その結果、行動の選択肢を増やし、目的にふさわしい行為を選択することができるようになった。ここに、思考に媒介された意志が立ち上がってくる。

ヘーゲルは次のように語る。

「人間がこのこと〔人間が自由であること〕を知っているかどうかは、衝動を抑制することができるかどうかに現れる。〔言い換えれば〕人間は、衝動にかられることと、その衝動を満たすこととの間に、〔人間とは何か、人間の本質とは自由である、といった〕観念的なもの、〔つまり〕観念をさしはさむのだ。〔一方〕動物ではこの両者〔衝動にかられることとその衝動を満たすこと〕は一体になっている」(『歴史における理性』「精神の規定」ホフマイスター版)。人間は衝動と行為の間に、観念〔思考、自己意識〕を「さしはさむ」ことができるようになった。それによって、衝動を抑えることも可能になった。

ここにあるように、ヘーゲルは、「思考と意志」を衝動と行為の間に「さしはさむ」、「思考と意志」は「感覚と衝動」を「否定する」「コントロールする」「支配する」といった表現をよくする。

マルクスやエンゲルスも同じである。「人間は、自分自身の自然のうちに眠っている可能性を〔能力にまで〕発展させ、その能力の発揮(労働)を自分のコントロール下に置く」(『資本論』第一巻第五章第一節)。

私はこうした表現に対して強い違和感を持つ。ここに彼らの限界、彼らの時代の限界を見る。「感覚と衝動」と「思考と意志」を切り離し、外的に「思考と意志」を上に置こうとしているように感ずるからだ。これは悟性レベルであり、単純化された一面的な表現であり、ヘーゲルたちの理解の不十分さを露呈していると思う。

私は彼らに、人間のうぬぼれ、過信、傲慢さを見る。自らの限界の自覚のなさを見る。限界の自覚がなければ、発展の「終わり」を作れず、「始まり」を作れない。つまり、人間の成長、発展は無理になる。

欲求や衝動〔さらには野心や野望、夢や無意識〕は、人間の根底をなす。その根源性から目的意識が生まれ、そこからのみ思考と意志、善と悪が生まれる。欲求や衝動に関しては、その個々を良い悪いで判断できるようなものではない。それを全体としてコントロールしたり、支配したりできるものでもない。もし、そんなことをしようとすれば、どこかに破綻やひずみが生じ、成長・発展は大きく阻害されるだろう。

私たちにできること、私たちがするべきことは、欲求や衝動の声にまずは耳を澄ませ、その声をしっかりと受け止めようとすることだろう。欲求や衝動を無視したり、切り捨てたりせずに、それが何をなそうとしているかを、見ていくことだろう。

確かに、私たちは欲求や衝動に振り回され、たくさんの失敗を重ねてきた。しかし、私たちは、最初から、自らが本当に求めていることがわかっているわけではない。本当に欲しいのは何なのか。その答えは、衝動と欲求の中にしかない。したがって、たくさんの成功と失敗を重ね、その反省を繰り返す中で、自らの欲求や衝動の本質、実体を深く理解していくしかない。

本来の発展観から言えば、私たちがするべきことは、欲求や衝動や無意識を無限に発展させることだけである。その本当の意味が明らかになるようにすることである。衝動も、欲求も、無意識世界も、内部に矛盾を抱えて発展していく。それを理解し、言語化し、そのさらなる発展をうながして、それらの本当の意味（真理）を実現していくこと。それだけが、私たちにできることであり、それだけが本来の理性的思考の使命である。

私がここでヘーゲルやマルクス、エンゲルスを批判するのは、彼らの信ずる発展観が間違っていると考えるからではない。逆である。彼らが、彼らの本来の発展観から大きく逸脱していると考えるから批判しているのだ。本来の発展観を守り、それをさらに発展させるためである。

第3章　社会の変革

(1) 自然の変革から社会の変革へ―人生を生き、社会を変革する

(a) 変革の意志―何のために生きるのか

ここまでは、人間の労働の自然への働きかけの側面を取り上げてきた。人間が自らの社会を変えることはあっても、それはあくまでも手段としてであった。しかしそれが逆転する段階が来る。

生物の戦略は、自己保存の目的のために、自己を変えることを媒介として自然に働きかけることで、自己保存の目的をよりよく達成することだった。自己を変えることは生き残りのための戦略であり、手段であった。自己保存、生き残りが目的である。

それが逆転する。自己を変え、社会を変えることそのものが目的とされるようになる。

動物までは、「自己保存の目的」は意識されず、「自己を変えること」も意識されず、「自己

を変えることを媒介とする」ことも意識されず、「自然に働きかけること」も意識されない。

人間だけが、それらを意識し、自覚的にそれを行うようになった。その意識、自覚は、「自然に働きかけること」から始まり、「自己を変えること」や「自己を変えることを媒介とする」ことに深まり、ついに「自己保存の目的」にいたる。改めて、自己保存は何のためなのか、何のために生きるのかが問われるまでに至ったのである。終わりは始まりに戻ったのである。

それがこの段階である。人間は生きる目的を問うようになり、社会の目的、理想の社会を求めるようになる。自己とは何か、人間とは何か、人間の使命（概念）とは何かを問うまでになる。それは人間だけにある自己意識のなせる業である。

この逆転は、人間社会の発展、労働の生産力が高まったことにともなっておこったことである。

それは自己保存の最低ライン、基本の基本である栄養摂取の段階が一応、クリアーされたことに対応している。

人間は衣食住などの物質的な欲求を一応クリアーし、それ以上の精神的な欲求の実現を求め始めたのである。生きる目的の意識が生まれ、その実現が求められ、理想や夢が語られるようになった。

(b) 人類史の概要

ここで人間社会の発展の概要を見渡したい。

以下は、基本的にはマルクスの唯物史観に依拠している。もちろんその根底にアダム・スミスとヘーゲルの近代社会の理解がある。

全体の見取り図は以下だ。

原始共産社会→古代の奴隷制社会→中世の農奴制社会→封建制社会（身分制度）→

近代の資本主義社会（自由と平等）→現代社会

現在私たちがいる段階は、資本主義社会の延長である。この資本主義社会の始まりにあって、その社会の原理を明らかにしたのがアダム・スミスであり、ヘーゲルである。それが彼らにとっての「今、現在」にあたる時代であった。

さらにその資本主義の勃興期にあって社会矛盾が大きくなった段階で、その階級闘争と社会主義社会到来の必然性を示したのが、マルクスの『資本論』であった。それがマルクスにとっての「今、現在」であった。

マルクスの予言は二〇世紀の前半までは、一部が実現し、社会主義と資本主義の闘争が続いた。しかし二〇世紀の終わりには、ついに社会主義は崩壊し、マルクスの予言が外れたことが明らかになった。ここが、私たちの「今、現在」である。

社会の発展を考える際、その社会の中心的な産業が何かが決定的に重要である。それが人間の自然への働きかけ方の段階を端的に示すからである。

その発展は以下のように考えられる。

狩猟と採取↓牧畜↓農業↓工業↓情報産業

狩猟と採取、牧畜、農業、工業へとその中心が移っていくのだが、工業化までが物質的生産中心である。しかし現代は情報という非物質的生産が大きな役割を持った社会になっている。

以上の人類史の過程を考えるにあたって、動物の発生過程の三段階が参考になる。人間が動物の真理であるならば、それは動物の発生過程を止揚しているはずであり、人間だけがその社会の形成過程にも発展を待つならば、その過程にもまた、動物の発生過程の止揚があるはずだからである。

動物にあって重要なのは栄養確保のための物質代謝の機能であった。これが内胚葉に由来する。

そして次に重要なのが、生殖器官である。これが中胚葉に由来する。これによって、動物は家族的なあり方を生み、個体と種（類）とに分裂する可能性を持ったのである。

最後に、動物の器官で最も高度に発展した神経系とその中枢が生まれている。これは、外胚葉に由来する。

人間社会の発展にはつねにこの三つの側面があり、大きく見てこの順番に進んでいる。栄養中心の段階があり、生殖による社会の分裂と統合と個人の生まれる可能性、最後に自己意識、自我を持った個人が中心の社会になる。

人間が自然に働きかけてきたのは、まずは栄養摂取のため、食べるためであった。それができなければ、人間は死に、人類は滅びるしかない。

それが産業構造の発展と重なる。始まりは狩猟と採取の段階で、労働の対象は自然そのものであり、最も自然への依存度、隷属度が高い。その日暮らしであり、他の動物とほとんど変わらない。

しかし、人間には道具がある。この道具が改良を繰り返され、対自然における生産の質と量を決める、つまり生産力を決める大きな要因だった。だから石器時代（旧石器時代と新石器時代）、青銅器の時代、鉄器時代などと、道具で時代を画することができるのである。

狩猟と採取の段階の社会が原始共産社会である。そこでは石を打ち砕いただけの打製石器を使っていた（旧石器時代）。狩猟では、効果的な群れの行動をしただろう。道具は共同体としての所有であった。

狩猟と採取の次の段階が牧畜・農耕である。ここに大きな飛躍がある。

今から約一万年前、氷河時代が終わり、地球が温暖な気候になると、人類は牧畜と農耕を始める。それまでの道具とは石器のような自然の素材（無生物）だったが、生物（植物と動物）そのものを労働対象とし、労働手段とすることを始めたのである。これによって生産が安定し、社会に余力が生まれ、富の蓄積が可能になった。家畜の所有権は共同体から血縁家族に移る。血縁家族はまとまって、耕地の近くに集落をつくるようになった。

道具においてもさらなる発展がある。土器や織物、石器も磨製石器をつくるようになった（新石器時代）。

この農耕と牧畜が発展すると自然からの自立度が一層高まり、集落も大規模になり労働の集約が可能になり、大きな生産力が生まれる。労働の集約には集団の組織化や結束力が必要であり、ここにリーダーが必要となり、その権限が強化される。

大きな富が生まれればその所有と分配が問われ、貧富の差が生じる。社会内に分業が生まれ、道具をつくる職人や商人、役人的な管理者が生まれる。私的所有が前提となるが、家族が単位である。それは血縁中心の身分制度となる。こうして職業や身分が分化するようになった。

大きな富が生まれると、集落の間で対立、闘争が激化し、争いに勝った方は、負けた方を奴隷にし、土地と労働力を収奪し、国家が生まれ、王侯や貴族といった支配者層と農民や奴隷などの被支配者層に分断される。

こうした国家同士の間では、さらに富をめぐる闘争（戦争）が起こり、より大きな国家が生まれる。

道具では、青銅器（青銅器時代）が、次いで鉄器が発明され使用されるようになった（鉄器時代）。鉄器の発明は、農業の生産力を飛躍的に高め、富の蓄積は巨大化し、巨大な国家が生まれてくる。

それが四大文明、エジプト文明、メソポタミア文明、インダス文明、中国（黄河）文明である。

権力者の欲望は物質的なものから精神上の欲求へと変化していく。権力者は承認欲求に基づいて、自己の権力を誇示するために、装飾品や、権力を誇示するような巨大建築物、巨大墳墓などを作る。さらには国家統合の象徴として宗教が利用され、神官の集団が生まれる。

こうした社会の実現には、生産力の巨大化が前提である。そこでは自然の力をどれだけ理解しコントロールできるかが問われ、そのためには道具はもちろんであるが、自然に対する知識も必要であり、労働を集約できるような社会のあり方が求められ、それは実現してきた。その生産力は、道具の威力だけではなく、その社会のあり方に大きく依存する。

人間は自己意識を持ち、人間の自己との闘争が始まり、人間が自由に自己と社会を変えることができる可能性を持った。その可能性が、この段階で実現し、大きく発展したのである。

四大文明の時代から、人類史が本格的に始まる。それは古代の奴隷制社会、中世の農奴制社会、封建制社会（身分制度）へと発展していく。

この段階では、栄養摂取の要請は一応、クリアーされた。しかし、人間は満足しない。衣食住を中心としたさらなる物質的欲求が生まれ、物質的なものから精神的な欲求も、広がっていく。

この延長上では、工業化（軽工業から重工業へ）が、一つの頂点である。ここにおいては物質的な生産が中心の最後の段階となった。ここに近代の資本主義社会が生まれた。

農業段階で、人間は自己保存の最低ライン、基本の基本である内胚葉に由来する栄養摂取の段階を一応クリアーした。では中胚葉に由来する生殖から生まれた家族はどうなったか。家族と社会の関係はどう変化してきたか。

家族はどの時代にあっても社会を支える基礎である。しかし、社会のあり方によって、家族の意味、その血縁の役割の大きさが違う。

社会と言っても、最初は血縁者による小集団社会であった。それが地縁社会へと発展し、さらに血縁や地縁を超えて大きな地域を統合する社会、国家が生まれていく。

そうした発展にあって、家族、血縁、地縁の、社会全体に対する役割は小さくなっていく。そしてそれに代わって、個人の個人としての役割が大きくなってきた。しかし、個人は家族、血縁に従属してきた。それが逆転する段階が来る。

封建社会では、個人よりもその個人の属する家（家族）が社会に対峙する（家制度）。責任主体は家であり、個人ではない。それが逆転する。個人が個人として社会に現れる。家族は個人を社会に労働量として提供する場所になった。それが近代の工業化による資本主義である。

近代の資本主義社会は、商品交換と社会的な分業によって可能になった。商品交換と社会的な分業自体は、古代社会にあってすでに始まっていたのだが、社会全体の中では小さな役割しか果たしていなかった。ところが近世になると商品交換が社会全体に広がり、社会的分業はいっそう進み、農業に対して商業・工業が勢力を増す。それは農村に対して都市が勃興していくことでもある。

分業の進展は、限られた範囲での技能や知識を向上させ、生産力の一層の高まりが可能になる。社会は分業の進展によって細部に分裂していくのだが、その生産物が商品として市場で交換されることで、社会は全体としては統合もされている。

商品の交換が大きな役割を果たすようになると、市場の拡大が求められ、個人、家族、社会さらにその産業による需要、消費が重要になり、その根本的な動因として人間の欲望や衝動が肯定される。これは生産力が低かったために「清貧」「禁欲」が奨励された時代からの一大転換である。

もちろん交換には前提条件がある。個人の欲望の充足は、他者の欲望の充足にならなければならない。そうでなければ交換されないからだ。これは、個人の欲望、衝動の肯定のためには、同時に他者の欲望、衝動の承認、それへの貢献がなければならず、それは対等な人間同士の契約関係の始まりとなっていく。

すべての労働は商品を作るという意味では等しく扱うことができる。そのため、その商品の価値（交換価値）で労働の価値も決まる。精神労働も肉体労働も、その価値は、生産した商品の価値に抽象化され、労働に基本的には貴賤の差はなくなる。

工業では生産現場でより分業を進め、他方で組織化、効率化することでさらに生産力を高める。それは労働の均一化、一般化を生み、労働の価値が時間で測られるようになる。労働が一般化し、社会で労働の一般的な価値が客観化される。労働力もまた一つの商品となる。賃金労働の生成である。この特殊な商品が、資本家による賃金労働者の搾取を可能にしたことは、後にマルクスが明らかにする。

こうして、一方で、交換の前提として人間個人の欲望、衝動の肯定があり、他方では分業による労働の均一化、一般化が進む。ここで人間の人格の平等、自由が実現し、所有は個人の所有となる。ここに資本家の労働者の「搾取」が可能になるが、それも後にマルクスが明らかにする。

こうして、封建社会の身分制度、血縁と地縁から成立する世界は崩壊する。職業、結婚、移住は自由になる。所有は個人の所有が前提になる。

こうした社会が資本主義社会であり、アダム・スミス、ヘーゲルによってその原理が示された。

こうした社会で、個人は個人としての自己実現を求めることが可能になった。ここでこそ、自己意識、自我は全面に発展することが可能になったのである。

人間は生きる目的を問うようになり、社会の目的、理想の社会を求めるようになる。人間とは何か、人間の使命（概念）とは何かを問うまでになる。

人間は社会に、国家に対して、人格の平等と自由を求めるようになる。自由と平等の理念によって、王制を倒し、共和制を打ち立てるような革命の時代が始まる。

人間は内胚葉に由来する栄養段階を超え、中胚葉に由来する生殖関係、家族の枠から個人を生み出し、その個人は外胚葉に由来する脳髄によって自己意識と思考の能力を持ち、その個人が自己自身と社会とを変革することを始めた。こうして外胚葉→内胚葉→中胚葉→外胚葉へと一つの大きな円環が一巡した。そこに最後に現れたのは自己意識を持った個人であり、それが人間社会の真理である。そうであれば、人間社会は、そうした個人の真理を実現していくことが使命である。個人はそうした社会を作ることが使命である。

(2) 社会の変革

(a)「自己との無限の闘争」の二重性

人間は、自分たちの社会を変えてきた。それは動物も同じである。しかし人間だけは、社会を意識的に変えてきた。自己意識を媒介にして変えてきた。そこに決定的な違いがある。

人間が自分たちの社会を変える際の方法は、自然を変えてきた方法と同じである。目標、目的をかかげ、その手段を考え、目的の実現に努力してきた。だから人間だけは、その社会の在り方に変化があり、発展がある。これが社会変革である。

しかし何を目的とし、社会をどう変えるかについては、社会内に必ず対立が起こる。社会がどうあるべきかについての考えは自己意識が媒介するのだから、各自の立場によってそこに違い、対立が起こるからである。その対立は社会的な闘争になる。これは社会内の内的二分と言えよう。

しかし二分はそれだけではない。社会内の闘争は、その渦中にある個人の自己意識内にも分裂(これが個人内の内的二分)を引き起こす。社会的対立のどちらの側に立つかをめぐって、自己内で葛藤が起こるからである。

このように社会的闘争と、個人の意識内の葛藤とは、相互関係であり、切り離せない。社会変革は個人の内的葛藤を深めるし、個人の葛藤は社会の対立をさらに激化させる。(牧野紀之「現代に生きるヘーゲル」）

このように人間が、自分自身を変えていく過程は、社会レベルと個人レベルの二重の過程である。人間は自己意識を持ち、それゆえに個人と社会とに大きく分裂し、それぞれの内部で闘争を繰り返し、相互関係にあっても闘争が引き起こされる。

これが人間の「自己との無限の闘争」の実態であり、その過程の中から自己意識が生まれ、自我が形成され、個人と社会の分裂が自覚され統合されてきた。自己意識と「自己との無限の闘争」と社会内の闘争とは、一体のものなのである。

(b) 法的正義と道徳的な善悪

最初の段階では闘争の決着は議論ではなく、戦争という直接的な暴力による。その勝者は自分たちの主張を実現し、領土を拡大し、敗北した人々を奴隷とした。問答無用の暴力の支配である。

後に、社会内の対立、闘争は、それぞれの立場の正しさを主張し合い、その根拠、その基準を主張し合うことになる。会議、議会の始まりである。そしてその闘争（多くの場合は戦争）の勝者の側の主張が実現し、その社会のルールとなってきた。

しかしその正しさの根拠とは、結局は「自分たちとは何か」「自分たちは何をするべきか」

の問いの答えであり、その「自分たち」とは、社会の発展とともに小さな血縁集団から地縁集団、地域共同体から国家規模へと広がり、その問いは最終的には「人間とは何か」「人間は何をするべきか」へと深まる。

これが社会的な正しさの基準であり、それは正義か否かの対立にまでいたる。その結果の反映として法律や社会的な諸制度が生まれ、その諸制度の頂点として近代国家が生まれ、社会は発展してきたのである。

勝者は新たな法律と新たな制度を作る。その一方で、敗者の側は、新たな法律によって犯罪者となり、刑罰を受けなければならなかった。だからこそ、その対立、闘争は、「生か死か」といった根源的で深刻な対立になる。

ここで、「正義とか言っても結局は力ではないか、暴力と戦争の結果でしかないのではないか」という疑問が出るだろう。確かに、この闘争の勝敗は、最終的には直接的な暴力の強弱、戦争で決まることが多かった。しかし、戦争の勝敗にはただの偶然性だけではなく、そこに必然性があるのではないか。その戦闘力の根本にあるのは武器や兵員の質と量、戦争を支える兵站などの物質的な量であり、つまりその国家の経済力であり、生産力である。そこにも人類の発展の反映をとらえていこうとする立場が、発展の立場である。この立場からは戦争の勝敗の最終的な根拠とは、やはり人間の概念や人間社会の概念になり、その国家がそれをどの程度実現しているかなのである。

こうした社会的闘争の渦中にあっては、個人もまたそこに巻き込まれ、その立場が問われる。勝者の側の法によって、その言動の是非が、正義か否かの判定を受ける。それとともに、個人が自らの立場を決める際には、その自己意識内部には葛藤が起こり、善悪が問われ、良心が問われることになる。これが「道徳」の領域となっていく。

このように、社会が発展していく過程で、社会的闘争（正義をめぐる闘争）は、その闘争に参加した、または巻き込まれた個人の内的葛藤（善悪をめぐる葛藤）を引き起こすし、逆もそうである。両者は相互関係である。

(c) 法律や諸制度の発展

人類史は、人間がその社会変革を意識的に行うことによって発展してきたのである。その発展は、何を正しいとするかが示される法律や政治体制としてはっきりと示されていく。その内に、人間とは何かが、つまり人間の概念が、an sich には示されていくのである。しかし法律や諸制度ではその時代の特殊性や偶然性に支配されたレベルでしか示せない。

それをより純化した形で、より深めたレベルで示すのが、本来の科学であり、哲学である。法律や諸制度では、確かに人間とは何かの答えが書かれるが、それは偶然性と時代の限界の中で示されるにすぎない。したがって、永遠に変わらない絶対的な法律も制度も存在しない。

それは絶え間ない闘争の中で、発展していくものだからである。

科学や思想や哲学は、それをより深く、純化して示すことができる。その社会の内部の対立、矛盾を示し、その克服の運動の結果として、法律や諸制度を示し、その現状とさらなる発展の可能性を明らかにする。

法律も制度も、闘争の中で発展してきた。その発展する全体を明らかにしていくのが、本来の科学であり、哲学の役割である。そしてその科学、哲学もまた、絶対的なものではなく、闘争の中で発展していくものである。

こうした法律と社会発展を結びつける思想は、ヘーゲルによってはじめて現れることができた。ヘーゲルはこれを『法の哲学』で示した。

この立場を継承したのがマルクスの唯物史観である。マルクスは、法律や諸制度だけではなく、その時代における諸科学や哲学もまた、その時代の「正義」「正しさ」を超えることができなかったし、自らを絶対視することを反省できなかったとして批判する。さらには、ヘーゲル自身の哲学も、同じであり、その点でそれを「観念論」だとして批判した。

(d) 人間の自由

人間社会の闘争と法律との関係の意味は、哲学的には「存在が当為を決める」とされる問題である。

私たちは何であるか（存在）が、私たちが何をするべきか（当為）を決めるということであるが、この当為「するべきこと」が、法律に示されていくのである。その当為の選択の基準とは「存在」だということになる。

この「存在」とは、その社会の本質であるが、さしあたっては闘争の勝者が代表する立場である。

そして社会が発展していく過程で、その「存在」は、本質レベルにおいて深まり、その本質の限界を超えて概念レベルへと深まっていく。そして「存在」の発展は、「当為」をも発展させ、それは「自分（たち）は何をするべきか」から「人間は何をするべきか」へと深まっていく。

この本質と概念のどの段階にあるかによって、その社会の発展度を評価することができる。本質レベルの枠内でなら、その社会の本質とは何かが問われるだけだが、概念レベルでとらえるならば、自然や生物の発展、人間社会の発展を考えなければならなくなる。

そして、この概念のレベルまで深まった時に、ヘーゲルはそれを「自由」と呼ぶ、恣意的な自由ではなく、真の自由である。

それはヘーゲルの真理観で言えば、客観的な真理（人間がその概念と一致する）が目的とされ、それが実際に実現している絶対的な真理のことである。

しかしこの「自由」とは一つの静止した状態、到達し完成した状態を意味するのではなく、その目的が示す方向へと意識的に突き進もうとする態度、その状態を意味すると理解するべきだろう。

先に、「自己意識」とは「自分とは何者か」という問いとその答え、同時に「自分はどう生きるのか、何のために生きるのか」という問いと答えに関する意識であると述べた。

この自己に対する問いは、他者への問い（「この他者とは何者か」）に広がり、それは人間一般への問い（「人間とは何か」「人間はどう生きるべきか」）に行きつく。

それはさらに、対象意識へと広がり、「この対象とは何か」「この対象にどう関わるべきか」といった問いになり、それは自然とは何か、自然にどう関わるべきかという問いに行きつくのである。

「人間とは何か」「人間は何をするべきか」の問いの奥には「自然に対してどう関わるべきか」「自然とは何か」が内在する。人間もまた自然から生まれたからである。ただしその真理として生まれたからである。発展はその実体へ反省する、その本質、概念に帰る。

しかし、ここには大きな問題がある。この自己意識が答えを媒介するがゆえに、これらの根源的な答えが、人間一人一人みな違う可能性があるのだ。それが対立、闘争を生んできたのだ。

(e) 社会変革の主体は自己意識を持った個人である

人間が人間を変えるのは二重の戦いである。社会全体の闘争と個人の内的葛藤があるからである。この両者は相互関係であるが、そう言って終わらせるわけにはいかない。

「自己との無限の闘争」において、どちらが根本で、根源的と言えるのか。

人間も始まりにおいては、社会と個人の分裂はない。しかし、労働と社会の変革の中で自己意識、自我（「私」）が生まれ、その主体である個人が社会から独立した意識を持つことで、社会と個人とが分裂する可能性が生まれたのである。

人間の社会から、自己意識が生まれ、自己意識から自我、「私」、「個人」が生まれたのならば、それは人間社会の発展であり、自我、「私」、「個人」が人間社会の真理であることを意味するはずである。

つまり、人間においては、その真理は自己意識、自我であり、その主体の個人なのである。そうであるならば、社会変革の成否は、最終的には、個人の自己意識、自我にかかっているはずだ。

社会変革にあっては、変革の主体は社会である。しかし、この闘争の主体は、最終的には自己意識であり、個人である。社会の意志決定とは、最終的には個人の意志決定なのであり、社会の意識決定の責任は、最終的にはその決定を下した個人が引き受けるしかないのだ。

そうした個人とはその社会のリーダーであり、その社会の支配層から生まれる。個人の決定に支配層が従うのは、それが支配勢力の考えを代表しているとみなが納得するからである。民衆がそれに従う、または闘争するが敗北に終わるなら、それが時代精神を体現しているからである。

しかし、社会変革にもその社会の本質の枠内で行われる段階のそれと、その本質の限界を超える概念の段階で行われるそれとの違いがある。後者が「革命」の時代である。

社会の本質内の変革では、その問いと答えには、従来からと大きな変化や断絶はない。しかし、変革の時代では、従来の社会の限界が問われているのであり、従来の答えが根本的に問い直される。社会に対する新たな問いと、その問いへの新たな答えが求められる。

それは、古い社会から自然に生まれるのではなく、社会の辺境、限界に身を置く勢力から、それを代表する一人の個人の意識から生まれるだろう。それが変革の時代のリーダーである。そのリーダーが新たな発展の可能性、方向性をとらえているならば、それが社会全体に広がり、勢力をましていくのである。

新たな思想を生み出す際には、その思想を持った最初の個人こそが決定的である。その個人は個人だが、その時代と社会を予感し、言葉でそれを表現し、それによって社会の他の人々も、それを自覚できるようになる。

そういう個人をヘーゲルは「英雄」と呼ぶ。普遍を体現した個人、普遍としての個別であり、個別としての普遍である（牧野紀之「英雄やーい」）。

社会変革の主体が、結局は個人であるならば、人間の自己との無限の闘争は、個人の意識内で、最も激しく厳しく戦われることになる。

以上は社会変革の主体の話である。

そこでは「英雄」とそれに相当する一群の人々が問題になるだけだが、現在はその厳しい自己内の葛藤に耐え、それを克服して生きることは、すべての人間に求められる段階になっている。それが近代の資本主義社会であり、人間の平等と自由の実現が、すべての個人の生き方に求められる。それが「個性的であれ」という当為命題として、今盛んに叫ばれている。

第4章　個人としてどう生きるか　私たちの人生の作り方

個人の内的葛藤は、社会的な対立によって引き起こされるだけではない。人間だけは、すべての個人が、生きるためには、内的葛藤を引き受けて生きるしかないのである。すべての認識と意志決定は自己意識に媒介されるため、自己意識の内的二分、そこでの選択を迫られるからである。それが人間の無限の成長を可能にしたが、人間は無限の苦しみをも引き受けることになった。

(1) 人間と動物の違い

人間の個体の成長過程は他の動物とずいぶんと異なる。

生まれ、死ぬ。その有限性において動物と人間は変わらない。しかし、他の動物の成長は早い。犬でも猫でも、生まれてから大人になるまで数か月である。翌年には生殖ができる。

人間だけは大人になるまでが異様に長い。生殖活動の開始までに十数年、大人になり成熟するまでにさらに数十年かかる。現在の日本では平均年齢が男女ともに八〇代になっている。その長い人生も、赤ん坊から幼年期、少年期、青年期（思春期）、成人、壮年、老年期と細かく区分することもできる。

さらに衝撃的なのは、人間は自然に人間になることはできないという事実があることだ。それが「オオカミ少年」の存在である。インドでは多数のオオカミ少年の事例が報告されている。彼らは発見時に、オオカミと行動を共にしていた。四本足で行動し、生肉を常食し、人間としての感情（羞恥心など）を持たず、唸り声をあげ遠吠えをした。彼らは実質的にはオオカミだったのだ。南フランスのアヴェロンの「野生児」なども有名だ。人間社会から切り離されて育った彼は、人間にはならず「野生児」となっていた。人間は、人間に育てられて初めて人間になることができるのだ。

他の生物は、子は親と同じ存在になるように定められている。その存在が、自動的に何になるか（当為）を決めている。しかし、人間という存在は、その存在から何になるか（当為）が、自然に決まっていないのである。人間の「存在」と「当為」は、人間の概念としては客観的には決まっている。ただし、それは意識（自己意識）に媒介されなければならず、自己意識が形成されなければ、人間としての「存在」を考えることはできず、人間としての「当為」は生まれない。つまり人間になることはできないのだ。

(2) 自我の目覚め―思春期の意味

人間が人間になる、つまり自己意識を持つことの始まりは「自我の目覚め」と呼ばれる。それは子どもの時代の終わりであり、大人として自立する時期、つまり大人の時代の始まりである。

自己意識とは「自分とは何者か」「自分はどう生きるのか、何のために生きるのか」という問いと答えに始まるが、この問いは自己の本質、概念へと深まると「人間とは何か」「人間はどう生きるべきか」になる。そして対象意識へと広がり、社会とは何か、社会とどう関わるべきか、さらに自然とは何か、自然にどう関わるべきかという問いに行きつく。

つまりそれは「人間」を中心として全世界をとらえていく世界観、人生観となっていく。しかし、それはその完成された段階である。

それに向けた大きな転換が、自我の目覚めに始まる。その時期を思春期と呼ぶ。思春期は、中学生段階として理解されるのが普通だが、小学校高学年から高校生段階にまで広げて考えるべきだろう。個人差がかなり大きいからである。

人間は自我に目覚めると、それまでの親や周囲に依存していた生き方から、強く自分を意識し、他からの自立を目指すようになる。それは進路・進学を決定する時期とも重なり、将来の生き方を自分で決め、それによって個人として自立し、自己の人生を生きるためである。「自我の目覚め」は「性の目覚め」でもあり、それも親からの明確な自立の意味を含んでいる。

この時期は人生で初めての大きな危機であり、混乱と動揺の時期であり、内的な激しい葛藤の中で自殺も起こる。

ここで、どれだけ自己と他者にしっかりと向き合い、自己の確立のために努力したか。「自分とは何者か」「自分はどう生きるのか」にどういう答えを出し、進路・進学にどういう選択をしたか、がその後の人生を決める。


こうした危機的な状況は、思春期だけではない。人は大人になってからも、節目節目で、転機のたびに、選択・決断を迫られる。就職、転職、起業、結婚と離婚、子育て、介護と死の見取りと死の迎え方。

そこでもまた、繰り返し、「自分とは何者か」「自分はどう生きるのか」が問われ続ける。それにどういう答えを出して生きたか。それがその人生の目的やテーマなのであり、その内実とその成果が、その人生であり、その人の本質である。

したがって、大人になってからの節目、転機でどういう選択をしたか、できたかが、その人生とテーマに集約される。しかしその個々の局面において新しいことは起きていない。そこでは思春期に行ったこと、同じ原理の繰り返し、その応用でしかないからだ。

思春期を一応クリアーした人は、その経験をもとにして、選択を重ねることができるだろう。しかし、思春期に失敗した人に可能性がないのではない。人は何度でも挑戦できる。そして、どの時期においても、思春期の学び直しができるのだ。むしろ、過去に失敗した人ほど、再挑戦の際には本気でそれに取り組む場合もあるだろう。そして、どの段階かで、選択の仕方、つまり生き方を学習した人は、今度は人生の転機、節目を意識的に作るようになる。それによって、さらに成長するためである。

これが人の人生である。こう全体を見た時に、改めて、自我の目覚め、思春期の重要性が理解できるだろう。

(3) 自己を打ち出すことの矛盾

思春期の課題は、自立のために「自分とは何者か」「自分はどう生きるのか、何のために生きるのか」の答えを出すことである。それにどういう答えを出すか、それが進路、進学の選択を決めるし、その後の人生の目的やテーマを決めるために、みなが何とか「自分」を打ち出さなければならない。

そのために、それまで自分の前提としてきたすべてを疑い始めることになる。周囲の他者を疑い、世間の一般論を疑い、両親や教師たちや、同じ生徒や学生たちを疑う。疑いの結果は、大きくは否定になっていく。周囲を否定するのは、その否定によって自分を肯定するためである。自分は彼らとは違う、自分はお前らとは違う。

思春期が「反抗期」と呼ばれるように、この時期にはわけもわからない反発、反抗をともなうことが多い。周囲の他者を否定することで、自分を打ち出そうとするからだ。

しかし、この方法はすぐに破綻する。否定をどんなに積み重ねても、自己と他者との横並びを変えることはできない。

若者にとっては自己も他者も、現実世界と無縁の抽象的なものであり、内実のなさという意味では、否定も肯定も変わらない。つまり自己も他者も同じ抽象性でしかない。したがって、自己肯定はすぐに自己否定に移り、他者否定はすぐに他者肯定になり、激しく動揺する。本来の根拠となるものがないからだ。

すべての他者に向けていた全否定は、一転、自己に向けられることがある。それが自殺という悲劇を呼ぶ。それはこの立場の限界の必然的な結果である。

若者が、すべての現実を否定して、極端な理想主義を打ち出し、社会変革の運動をすることもよくあるが、そのほとんどが失敗、挫折、絶望で終わる。同じことである。彼らは現実社会を知らず、他者や自己、人間のリアルな実態を知らないのだから、失敗するのが当たり前である。しかし、失敗こそ成功の母。ここからが本当の勝負が始まるはずだ。

自己を打ち出すには、他者を否定する方法以外にもう一つ、差異にこだわる方法がある。これが今教育界を席捲している「個性教育」「個性の多様性」である。それは他者との差異を確認し、それを自己とは何かの答えとしようとするものだ。

彼らは自分の個性を「他者とは違う自分だけの独自性」として理解する。そこでみなが、他との違いを見出すことに右往左往している。しかしそれが個性なら、それは他者を基準にしており、他者を基準に自己を打ち出そうとするという大きな矛盾を抱えている。

どうしてこんなバカげたことが起こっているのか、私には不思議でしょうがなかったが、これには日本の特殊性が関係していると思う。

日本のムラ社会、一体性や空気を読むことを求めたり、同調圧力が強く、他との違いが許されずいじめの対象になりやすい社会。その中で、他との違いを肯定するべく、こうした個性のとらえ方が広がっているのだろう。

しかし、同調圧力に対して「他者とは違う自分だけの独自性」を対置しても解決にはならない。それもまた他者や世間を基準にしているのであり、他者に自己を認め、承認されることを求めているからである。依然として他者の顔色を見ているのである。

差異をいくら強調しても解決にはならない。そこではすべてが差異を主張し合う横並び（多様性）であり、だからこそ差異を競い合う。実はそれが特殊性の段階なのである。

(4) 特殊の段階―ヘーゲルによる人生の三段階説

ヘーゲルは人間の人生を、普遍性、特殊性、個別性の三段階の発展で説明する。

第一段階　抽象的普遍（普遍性と個別性の分裂以前）　子ども　個性はまだない

第二段階　特殊（普遍性と個別性は分裂し、普遍性は個人の内に内在する）

　思春期以降　個性の主張をし始め、他とは違う自分だけの独自な個性を競い合う

第三段階　個別（個別としての普遍、普遍性として機能する個別）

人間の始まりは子どもである。子どもは人間一般（普遍性）であるとヘーゲルは言う。子どもにも個性はあるが、類似性の方が優勢であり、好き嫌いなく誰とでも友達になれるからだ。そこでは本来的な個性はまだなく、人間の個別性と普遍性とが未分化である。

ところが思春期を迎え自我に目覚めると、個別と普遍が分かれ、自分の個性の主張をし始め、誰もが他とは違う自分だけの独自な個性を競い合うようになる。誰とでも仲良くできる段階は終わり、友を選び、恋人を選ぶ段階になる。人間としての普遍性は、互いの共通性として個人の中に内在して存在する。

この段階では、個人は個別だが、その個別に他の個別が同じ平等の価値を持って並んでいる。

つまり特殊性の段階である。みながみな、それぞれの個性を競い合い、その個性を実現させ、それを深めようとする。

しかし、ヘーゲルは特殊性の段階に対して、その次を用意している。最後には個別性の段階を置くのだ。それは何を意味するのだろうか。特殊が個別と普遍性の分裂であるから、その統合が個別性であろう。個別であるが、そのままに普遍性でもあるあり方である（牧野紀之は、これを個別としての普遍、普遍性として機能する個別、つまり社会的に「かけがえのない人」としてとらえる）。これが個人の自由の段階と考えられる。

この個別性の段階をどう理解したらよいのだろうか。

そもそも、人間の個人の人生を評価するとは、何をどう評価することだろうか。

人間は目的意識がすべてを決める。したがって、ある人間の評価とは、その人の人生を貫いた目的意識、問題意識、テーマが何であったか、それをどれだけ実現できたか。ここにかかっていることになる。

それを発展の立場から、つまり現実社会をどれだけ発展させることができたかを基準に評価するべきだろう。

その時代の中で、その時代の諸問題の何に対して、どれだけの深さで切り込み、成果をあげることができたか。それは、時代を発展させることがどれだけできたかと、言い換えても同じである。

しかし、個人が最初から社会の発展を目的として生きるわけではない。ただ、自分のしたいことを、したいようにすることから始まるだろう。ヘーゲルは、これを否定的自由、悟性の自由と呼ぶ。抽象的自由と言っても良いだろう。

こうした段階から始めて、人の目的意識、問題意識、テーマは、どのように形成されるのだろうか。

目的の始まりは欲求や衝動として現れ、それが自覚されていく。そこでは野心や野望、夢などが大きな力を発揮するだろう。

そうした目的を持ちながら、現実社会の中で活動していく。そこでは必ず結果が出る。成功する場合も、失敗する場合もある。結果の反省が次の目的を決め、その目的が次の活動を生む。その繰り返しによって、現実社会との関りは深まり、その理解は深まっていく。

最初は、目的といっても、小さく、浅く、表面的なものだろう。その成功も失敗も偶然性に支配され、個人にも社会にも大した変化はもたらさない。このレベルなら、それは単なる特殊性の段階であろう。

しかし、反省を繰り返していくならば、その目的と活動は、次第に、現実に深く食い込んでいき、その過程も結果も、必然的なものに深まる。

単なる個人の欲求や野心にとどまらず、それは社会や時代の要請とも重なるようになっていく。こうなってくると、単なる特殊の段階を超えて、普遍性がその個人の活動と重なってくる。

そうした段階で、大きな失敗や挫折がやってくる。

人間個人には限界があり、その社会にも、その時代にも限界があるからだ。限界が現れることは必然である。

ヘーゲルは「絶望だけが人間を成長させる」と言う。限界にも二段階あり、自己や社会の本質内の限界ならそれを克服していけるが、その本質そのものの限界の場合は、その対象の滅亡が起こる。それは絶望をもたらす。

本質内の限界の場合は、周囲や専門家や経験者に相談すれば解決できるだろう。しかし、そうした解決は、しょせんは同じレベルの横滑りでの変化でしかないことが多い。真の成長、発展ではない。

自分や現代社会の本質的な限界に直面した時、そこで終わるか、次のステップに進めるかが問われる。

ここで、自分自身やその社会や時代を超えなければならない。そんなことができるのか。できる。私たちは孤独ではなく、孤立していないからだ。私たちの背後には、人類の歴史とその成果の蓄積が控えているからだ。

人間のそれまでの闘争の成果はもちろん、現在の現実そのものの中にあるのだが、より明確には思想史、哲学史、歴史、さまざまな科学史として記録され、積み上げられている。

ここに私たちの限界を超える可能性がある。人類の巨大な成果との格闘が、ここに始まる。自分が直面した問題については、すでに過去の偉人たちがその答えを書き残している。その中から最高峰のものを選び、死ぬ気で学ぶことだ。

それは「先生を選ぶ」（牧野紀之の著書名）ことであり、それが自分の立場や生き方を決め、それが最終的な目的意識、問題意識、テーマを決める。人生に中心ができ、軸ができ、それを生きて、自分の成果を出して死ぬ。先生を超えられたなら、それは人類の成果の一コマとして記録されるだろう。

ここに、個人の目的、問題意識が、人類の成果と一つになった姿がある。ヘーゲルはこの段階を「個別性」の段階としてとらえているのではないか。それは直接的には個別から始まっているが、すでに人類という普遍性を止揚しているから、それ自体が普遍性である。

個人と社会と時代の限界は、このようにして超えることができる。これが先の悟性的自由に対する理性的自由であり、それはヘーゲルの「絶対的な真理」に向かっていく生き方であろう。

以上が人生の個別性の段階についての私の理解である。

(5) 思春期の教育への提言

人間の個別性の段階を目標として考えた場合、思春期の教育とはどうあるべきだろうか。

まず、根本にこのモデルが示されることが一番重要である。

その上で、「個性教育」では、個性とは、個人の問題意識であり、人生のテーマであることを理解させるべきだ。差異が個性だとするような低レベルを克服しなければならない。

探究学習、問題解決型の教育は、このモデルを目指して生きる上での練習として、その過程のひな型を一つ経験するものと位置付ければよい。それによって将来の「絶望」に備えるためだ。その際に、そこで取り上げる問題が、どのようにその生徒の欲求や衝動、目的意識と関係するかを考えさせるべきだ。社会問題などに取り組むのは、何よりも自己理解のためである。「自分とは何か」、自分はなぜこの問題に、このテーマに関心があるのか。それを深めるようにしたい。

なお、キャリア教育の名のもとに、「仕事（職業）探し」「仕事の調査」「仕事選び」をさせている現状にも一言言っておきたい。そうした段階に一定の意味があることは認める。しかし、それは誤ったメッセージになりかねない。第一に「仕事（職業）」が大事なのではない。それは本来の目的の手段でしかない。第二に、そしてこちらこそ本質的な大問題だが、実際の今の社会を前提として、その中から仕事選びをさせることは、今のありのままの社会を前提として認め、それを肯定することになる。本来は、今の社会の問題の理解とその解決をめざして生きるべきであり、その中で仕事をしていくべきである。その時に、仕事とは社会変革のための仕事であり、新たな仕事を生み出していくことになるだろう。ソーシャルビジネスはそのモデルである。

以上が、思春期の子どもや生徒、学生の指導で重要ではないだろうか。私は、本当の個性教育、探究学習、キャリア教育とは、個別性に向けた生き方を教えそのための能力を鍛えることだと考えている。（この指導方法としては、拙著『「聞き書き」の力』大修館書店を参考にしていただきたい。）

(6) 人生の節目を作る―大人になってからの人生の作り方

先に、個別性レベルという絶対的基準を示したが、もちろん多くの人はヘーゲルの言う特殊性の段階で生きることになるだろう。しかし、その大枠の中でもレベルの差は大きい。私たちは自分の力の及ぶ範囲で生きることを学び、楽しみたい。そこで重要なことは、人生の節目を意識的に作って生きることではないか。

人は大人になってからも、節目節目で、転機のたびに、選択・決断を迫られる。ただし、転機や節目は、機械的にやってくるものだけではない。それは意識的に、自覚的に作るものである。人生に一つ一つの節を作って生きていけるかどうかは、自らの限界の自覚、制限と当為の問題の解決にかかっている。限界は常にあるのだが、それを認め制限にしない限り、何も変わることはない。終わりという区切りを作り、始まりを始めるのだ。

そして、一つ一つの段階が円環として完成し、それらが連なってより大きな人生という円環を形成する。それが人生であり、それを貫くテーマ、目的こそが、その人が何者であったかを示すだろう。

(7) 意志の自由──選択の困難さとは何か

思春期とは、選択の仕方を学習する機会である。選択とは意志であり、意志の自覚、意志の持ち方の自覚の段階である。

人間が自分や社会を変革するには、成長したい、社会を良くしたいという変革の意志が問われる。ヘーゲルは、人間の選択の際の意志の問題を、意志の発展として、その普遍と特殊と個別の三契機から、次のように説明している（『法の哲学』序論）。これは選択が可能な条件、つまり意志が生まれる条件であり、自己を変え、社会を変革し、自由に至る道としても考えられる。社会変革は社会の選択であるが、それは最終的には個人の選択を意味する。

第一段階　普遍　すべてを否定する、捨てる段階、あるいはそれが可能な段階
第二段階　特殊　選択肢を増やし、多数の選択肢が横並びに並ぶ段階
第三段階　個別　多数の選択肢から一つを選ぶ段階

人間は、動物と違って、衝動を対象化し、相対化することで、第一段階の「普遍」の関門を超える可能性を持った。そこで直接的な衝動とは別に、他の選択肢も可能になった。ここでは二つ以上の選択肢が横並びに並ぶ。第二段階の「特殊」の段階である。そしてその中からどれを選択するかが問われることになる。

この特殊の段階では、選択肢が横並びになるのだが、そのどれを選択することも可能である。そしてその選択肢の中から一つを選択した時、それがさしあたっての個別の段階である。

この三つの段階の内の、第一段階と第二段階は、時間的な順番ではなく、論理的順番である。一と二は相互関係で、相互に行き来する。それができることで選択(個別の段階)を可能にする。

この第一段階から第三段階が選択の過程だが、それを繰り返すことで、自分の目的がしだいに表面的なものから、自分が真に求めているものになっていく。人は正しい選択もするし、間違った選択もする。そのどちらだったかは結果で理解できる。そうした反省を踏まえて、次第により適切な選択ができるようになるからだ。

それは自らの欲望や衝動の本当の意味を理解していく過程でもある。そして目的の選択を、しだいに本質的なレベルで行えるようになり、自分が真に求めているものになっていく。それが人間の概念に一致するまでになれば、それが自分の本当の目的を理解し、それを選択するということになる。それは真の個別の段階であり、自由の段階と言えよう。

意志が問われるのは、目的論（労働過程）では主観的目的の段階のように思う人がいるかもしれないが、目的実現の活動は発展の過程であり、結果が反省されて最初の目的を変えていく。したがって、意志の自由は、労働過程の最終段階に重なる。それが人間の自由なのである。言い換えれば、労働によって人間は自由になるのだが、それを意志の立場からとらえ直したのが意志の三段階なのであろう。

先にヘーゲルによる人生の三段階を示し、その最終段階としての個別を出したが、その個別は、意志の三段階の最後の個別と重なる。

さて、このヘーゲルが示した三段階を踏まえて、選択の何が難しいかを確認しておこう。自由な選択は、みなが歓迎すると思われがちだ。しかし、実際はそうではない。思春期にあっては選択することに尻込みし、選択の先延ばしをすることはよくあることである。選択し、一つに限定することが怖いのである。そこに限界を作りたくないのである。「無限の可能性」という抽象世界にとどまりたいのである。選択した責任をとりたくないのである。

選択とは一つを選ぶのだから、それ以外のすべてを捨て去ることを意味するからだ。一つの可能性を選択することは、他の可能性のすべてを捨てることになる。それが怖くて、惜しくて、決断ができないのである。それは第一段階に問題があることになる。ヘーゲルは、それをよく理解しているから、第一段階に、すべてを捨象することを打ち出しているのだ。「選択」することが可能なためには、すべてを捨てる覚悟が必要なのである。

この一つを選ぶことの困難さは、受動的な意味でのみ考えてはならない。すべての選択肢が同じレベルであり、そこには選ぶべき正解がない、そのレベルを超える選択肢がない場合があるからだ。それはどの選択肢も、そのレベルでは同じであり、自分が先に進むことができない。それが特殊性の段階であり、それを見抜く力がある時に「絶望」することができる。その時は、自分で、そのレベルを超えた選択肢を作り、それを生きなければならない。

ここに、限界の自覚、制限と当為の問題が現われている。限界は常にあるのだが、それを認め、制限にしない限り、何も変わることはない。若い時に、それをしっかりと行えた人間は、自己の課題とそれを克服できる「先生」を選び、必死の修行をする。そこに個別の段階が待っているのではないか。

(8) 神の前に一人立つこと

人間にとっての選択の困難さは、人間が宗教を必要とし、神を求めたところによく出ていると思う。

それが自我の、自己意識の内的二分とその克服の過程である。

自分の中で、二つの絶対的に対立する選択肢がせめぎあい、その正否を争う。二つ以上の自分がそれぞれの正しさを訴える。そのそれぞれの訴えを聞きながら、その上の立場に立つもう一つの自己が最後の審判を下す。

その選択の際の葛藤の激しさは、キリスト教が説く「最後の審判」の際の厳しさに例えられよう。また、キリスト教が「神の前に一人立つ」と表現する姿勢に匹敵する覚悟が求められよう。自己と自己の真理が直接に向き合うからだ。そこには自己があるだけで、他者が入る予定はない。それは絶対の孤独であり、それが人間の尊厳性の根拠なのではないか。その点での平等が、人格の平等の意味であろう。

人間はその厳しさから逃げたいし、何度も逃げようとし、その都度失敗する。いつかは覚悟を決めて、その運命を受け入れるしかない。

人間が神を想定するようになったのは、この内的二分の厳しさを、外的な存在を設定することで理解し、受け入れられるようにするためだったろう。

自然の真理が人間であり、人間の真理が自己意識であり、自我であり、その内的二分であるならば、それが世界の真理であることになる。

世界が矛盾からできており、それが世界を動かし、発展させているのならば、人間の自己意識、自我のこの内的二分こそが、世界の矛盾の中の矛盾、最高、最大の矛盾、矛盾の精華である。

それは人間に自己との無限の闘争をもたらした。その厳しさは、私たちを鍛え、深め、高め、豊かにする。その一方で、それは人間を底なしの混沌、混乱、堕落と腐敗へも導いてゆく。だから、ヘーゲルはここに人間の原罪の起源をとらえるのだ。

第5章　人間の概念、人間の使命

(1) 自然の真理としての人間

最後に人間の概念を確認して終わろう。
人間の概念とは何か。そこから導き出される人間の使命とは何か。

ヘーゲルは、自然の真理は人間である、と述べている。物質→生命・生物(植物→動物→人間)、という発展の理解が正しいならば、人間は自然の発展、生物の進化の最終形態であり、全発展過程の成果であり、すべてを止揚した存在である。ヘーゲルの言葉は、まずはこれを言い換えたものだろう。

しかし、自然の真理は人間である、とは何を意味するのだろうか。人間が最高の存在である、ということだろうか。人間が最高の存在であり、他のすべてを支配でき、人間の好き勝手に振る舞えるという意味だろうか。

また、ヘーゲル、マルクス、エンゲルスは、「人間が自然を支配できる」「自然をコントロールできる」という表現をよくする。この発展の上下関係を、支配、被支配の関係で表現するのだ。人間が自然に対して大きな威力を発揮するようになったことは確かだが、それを「支配」や「コントロール」と言ってよいのか。

こうしたことを考えるために、これまで人間が生まれるまでの全過程、物質→生命・生物（植物→動物→人間）と、人間社会の発展を考えてきた。それを踏まえて、本章で自然と人間の関係を考えよう。

(2) ヘーゲルの問題設定と答え

自然と人間の関係は、ヘーゲルにとって最高、最大の問題である。それは、神がなぜこの世界を創造したのか、さらになぜ人間を作ったか、創造の上でのこの二段階にはどういう意味があるのか、こうした問いと答えにつながるからだ。

自然と人間の関係についてのヘーゲルの解答は、労働であった。

自然と人間との一体の関係を分裂させるのも労働であり、それを克服するのも労働であるとヘーゲルは答える（『小論理学』二四節付録三）。

その労働過程では何がどのように行われるか、労働にはどういう意味があるのか、この答えを出すために、ヘーゲルは論理学の概念論の客観性論のラストに目的論を置き、それを受けた理念論、そのラストに「絶対理念」を置いて、論理学の完成としている。

目的論では、人間が自然を変革できる理由は「理性の狡知」として説明されていた。それをエンゲルスが自由と必然性の関係として説明していることはすでに述べた（一七四頁）。

それは論理学の最終段階で総括される。それが絶対理念、「方法」である。それは始まり、中、終わりとなっているが、これが自然（始まり）と人間（終わり）の関係を考える最終段階である。論理学は、始原論（始まりとは何か）から始まっていた。それが最後の最後で最終的に確定されているのだ。終わりは始まりに帰る。

始まりと終わりの関係は、「直接性」と「媒介性（間接性）」の関係であり、前提と定立の関係でもある（第Ⅱ部第2章⑵）。

自然と人間は、直接性と媒介性、前提と定立の関係である。自然は人間にとっての「大前提」であり、人間が生きる上での基盤、基礎であり、人間はそれによって条件づけられている。その意味では常に自然が人間を支配しているのである。人間が自然を自由に変え、支配できるのではない。

しかし、人間は自然に全く支配されているのではない。あくまでも、自然によって条件付けられる範囲の中ではあるが、人間は生きるために、自然を変えることができる。自然を変えることで、自然に与えられた条件付けの一部を変えることができる。この自然という前提を変えていく作業を、人間は無限に繰り返していくことができる。この人間が自然を変える側面を「定立」と呼ぶ。

以上が、「前提」と「定立」の相互関係である。自然と人間の関係にあって、相手を変えることができるのは、常に人間である。自然ではない。それが「定立」である。しかし、常に「前提」は前提として、自らから生まれた存在の存在する条件ともなっている。

「〔自然から人間が生まれたことについて〕自然を最初のもの、無媒介のものと考え、精神〔人間〕は自然によって媒介されたものだと考えるのは、それ自身が無媒介の〔未熟な〕意識〔考え〕のすることとです。しかし、実際には自然こそが精神〔人間〕によって定立されたものであり、精神が〔自分を生み出すために〕自然を自分の前提として〔先に〕立てただけなのです」（『小論理学』二三九節付録）。

ヘーゲルは、自然と人間の関係を相互関係といったレベルでは終わらせない。自然の真理は精神（人間）であり、精神は自然を止揚する、ととらえる。

「自然は精神なしにも存在していけるようなそれだけで固定した完結したものであるということではなく、自然は精神に至って初めてその目標である真理に到達するということであり、逆に精神も精神で自然の抽象的彼岸にすぎないものではなく、自然を止揚して自己内に含み持つ限りで初めて真に存在し、精神としての実を示すものなの〔だ、という風に理解しなければならないの〕です」（『小論理学』九六節付録）。

この「精神」とはもちろん人間のことだが、それは今現在の人間そのもののことだろうか。またその「真理」とはどういう意味か。

それはヘーゲルの「絶対的真理」として理解しなければならない。絶対理念とは、絶対的真理のことであった。

絶対的真理とは、主観的真理と客観的真理の統一であり、客観的真理、つまり対象とその概念の一致の認識と実現であった。この場合では、客観的真理の真理の実現、つまり自然の概念を理解し、それを実現することであり、主観的真理の真理の実現、つまり、人間の認識が認識の概念と一致し、人間の実践が実践の概念と一致し、人間が人間の概念と一致することであり、真の自由のことである。

ここでの「精神」とは、人間の概念、使命のことであり、今現在の人間がそのママで精神（真理）になっているわけではない。「真理」であることも、「精神」であることも、私たちの目標として、夢として示されているのだ。

以上は、ヘーゲル論理学から出てくる答えだが、それは実際にはどういうことか。

マルクスは、ヘーゲルの意図、真意を理解していたようだ。

「自然的なもの〔道具〕がそれ自身〔労働手段として〕人間の活動の器官になる。その器官を彼は、聖書の言葉にもかかわらず、彼自身の肉体器官につけ加えて、彼の自然の姿を引き伸ばすのである」(『資本論』第一巻第五章第一節)。

こうしたとらえ方からは、人間の手段を、自らの肉体から道具に、さらには自然一般にまで拡大するものだが、そこからは逆に、人間を自然における意識、自己意識、精神としてとらえることも出てくる。そして、それこそ、ヘーゲルの真意であったろう。

つまり、自然は自らの自己意識、目的意識として人間を生み出したのだ。人間によって自然が完成できるようにするためである。したがって、人間は自然を自らの肉体とし、自らの自己意識を自然全体の自己意識とし、その自然を完成させるべく生きていかなければならない。

これがヘーゲルの考えだったであろう。そして、マルクスも大枠ではそれに賛成だっただろう。

さて、以上のヘーゲルのとらえ方を認めた上でだが、ここにまだ明らかになっていない大きな問題がある。

それが労働における自然の変革と、それを媒介する社会変革との関係である。ヘーゲルにはこうした問いが明確には設定されていなかった。ヘーゲルは労働におけるこの二つの側面の区別と関係をあいまいなままにしていたと思う。

マルクスとエンゲルスにあっては、労働における自然の変革と社会の変革の二つの側面を明確にとらえていた。そしてこの両者の関係にあっては、社会変革こそを中心に考えていた。つまり、ヘーゲルの考えを、発展させたのがマルクス、エンゲルスである。

マルクスの思想、唯物史観が現れたことによって、ヘーゲルの目的論、労働論の大きな限界が明らかになった。しかし同時にそれはヘーゲルの思想の発展であり、ヘーゲルに本来あった思想を明らかにしたという側面もあるのだ。ただし、それがどこまで本来の発展になっていたかは、厳しく吟味されなければならない。

(3) マルクスの唯物史観

①本来、労働には大きくは三つの側面、契機がある。対自然の活動、つまり自然の変革。これはすべての生物が行っており、人間の労働もここから始まった。ただし、その最終目標は自然の完成だと、ヘーゲルは言う。

②対人間・社会の活動、つまり人間と社会の変革。これもすべての生物が行っているが、自然の変革のための媒介（手段）としての活動であった。人間が他の生物と違うのは、それを意識的に行うことだ。それによって人間は自らと社会を発展させてきた。人間にとっても最初は社会変革は手段だったが、後には社会変革そのものが目的となる。社会の完成が

最終目的となる。

③労働過程を支配する目的意識、自己意識の側面。自然と社会の完成を目的とする。

労働を行うことで、人間は自然と分裂したが、それは人間自体をも分裂させ、人間社会とその社会的意識との二つに分裂した。

この三つの契機への分裂は、そのそれぞれの契機の内部でも更なる分裂が引き起こされる。自然は労働対象と労働手段に分裂し、人間社会は、個人と社会に分裂し、社会もいくつかの勢力に分裂する。社会的意識も同じである。この二つの側面をヘーゲルは人間における「自己との無限の闘争」と名付けたのである。

こうした、労働によって引き起こされた分裂は、もちろんその労働過程の中で統合されている。

以上の理解は、ヘーゲルの中にan sichにはあるものの、それをヘーゲルが十分にとらえ、展開していたわけではない。しかし、それを本来的に発展させればこうなると私は考える。

マルクスの唯物史観は、ヘーゲルの自然と人間の関係という問題への、マルクスの答え、マルクスの代案であるといえる。

社会の下部構造（経済）が上部構造（法制度や思想・科学などの社会的意識）を規定し、下部構造（経済）では生産力が社会関係（生産関係）を規定する。

さて、この三項（生産力と社会関係と社会的意識）は、いったいどこから導出されるのかが不明なのだが、私は上記の労働の三契機からだと考える。

つまり、生産力とは自然の変革の側面であり、社会関係とは社会変革の側面であり、上部構造である社会的意識とは、目的意識、自己意識の側面である。こうとらえると、この三項は必然的にこれしかない三項として理解できるのではないか。

このマルクスの唯物史観と、ヘーゲルの中に本来あったであろう思想とを比較すると、ヘーゲルの限界だけではなく、マルクスの限界も明らかになる。

第一に、マルクスの唯物史観の三項（生産力と社会関係と社会的意識）の導出には必然性がない。他の項がないことも必然的には示されていない。「生産力」が特にあいまいである。

第二に、その三項の関係で、規定する・されるの関係を一方向だけにしている点である。三項の関係では、前者が後者を規定するというのがマルクスである。しかしヘーゲルではむしろ逆になる。

マルクスは前提の前提性を強調するが、ヘーゲルは前提がそこから生まれたものによって逆に定立される側面こそ強調している。

ヘーゲルに賛同していたはずのマルクスが、唯物史観になると突然正反対に転ずるのはおかしい。

実際は、マルクスの社会主義運動がしようとしたことは、唯物史観によって社会変革をすることだった。つまり上部構造によって下部構造を、社会的意識によって社会を変えようとしたのではないか。

もちろん、マルクスは当時の状況下で、階級闘争を闘い抜かなければならず、階級的立場と思想の関係を明らかにする必要があった。しかし、状況論と本質論とは別でなければならない。前提と定立についてのヘーゲルの理解はあくまでも正しいし、マルクスの一面的な規定は、本質的に間違いだったと私は考える。


第三に、自然の変革の側面での「自然」の理解の浅さを指摘したい。マルクスは人間の経済活動における自然の前提性、つまりそこに労働生産性に関わる部分、生産力の面しか見ていない。自然は人間が支配し、利用するものであり、人間社会の変革がなされることが、そのまま直接的に自然の完成だととらえていたように思われる。それとは一応別に、自然の完成を目指すような側面はない。

マルクスにとっては、自然とはただ、人間が経済活動のために利用するだけのものなのである。そこからは公害が出てくるのは当然である。

しかしこの点は、当時の多くの資本家階級も同じであり、工業化の段階の限界として理解するべきだろう。

エンゲルスの晩年には、すでに公害や環境破壊の事実が明らかになっていた。エンゲルスは、その事実を受けて「人間の自然支配」という考えの正しさを確認したうえで、その限界をも認めている。

「しかし、我々人間は、自然に対する自分たちの勝利にあまりうぬぼれないようにしよう。自然は、人間が自然に対してなすそのような勝利の一つ一つに報復する。その勝利はどれも、その第一段階においてはたしかに我々人間が期待した帰結をもたらしてくれるが、第二段階、第三段階になると、予見されなかった全く別の結果か現われて、それかもっぱら最初の〔予見された〕帰結を帳消しにしてしまうようなことすらしばしばあるのである」。

ここからエンゲルスは森林破壊の結果としての洪水や干ばつ、牧畜業の全滅の例を挙げる。

「我々人間が自然を支配するといっても、それは征服者が異民族を支配したり、自然の外に立っている誰かが自然を支配したりするようにではないということ―我々人間は肉と血と脳とをもって自然に属し目然のまっただ中に立っているのだということ、そして我々人間の自然に対する支配とは、人間が他の全ての被造物にまさって。自然の法則を認識しそれを正しく応用する能力をもっている点にあるのだということ、これである」（「サルの人間化における労働の役割」)。

しかし、エンゲルスはこうした反省を述べてはいても、唯物史観そのものを問い直すことはない。どこまでも自然は人間のためのものであり、それとは独立した自然の完成という目標は出てこない。これでは、産業と自然環境との調整、調和といった答えしかでてこないだろう。

この問題は、依然として、未解決のままである。現在では、自然界の「種の多様性」「生態系の安定性」といった問題も提起されており、その答えをださなければならない。

第四に、第三点の自然のとらえ方の浅さが、人間の内なる自然への軽視、否定を生んでいることの問題である。

これは、人間の欲求、衝動、野心、夢や無意識へのかかわり方の浅薄さとしてすでに述べたが(第Ⅴ部第2章⑽)、ここではそれが「宗教」の否定、弾圧にまで及んだことを指摘しておきたい。宗教問題の解決は、否定や弾圧では不可能だ。それを発展させることだけが、その真の解決である。

以上の第三と第四の点においては、ヘーゲルもマルクスも問題をかかえていたと思う。

第五に、社会変革における、個人と社会、個人と組織の関係の問題である。

自然の真理は人間であるとするマルクスの理解には深いものがあったが、社会の真理は個人であるという理解にまでは進んでいないように思われる。

マルクスの思想を継承したはずの社会主義運動では、個人に対して、査問という「自己批判」強要の場が用意され、反対派へは粛清が行われることになる。最後は個人崇拝までが起こって全体主義に転落した。

これに対しては、ヘーゲルが「英雄」という個人の役割を強調していることを対置しておきたい。


なお、この第三点から第五点までは、大きくとらえると、いずれも「自然」の理解の浅さとまとめられる。

「自然」を人間との関係で大きくとらえると、人間の外的自然と、人間自身（それもまた自然である）と、人間の内なる自然の三つの側面が現れるだろう。

人間の外的自然がいわゆる自然であり、第三点である。この外的自然は今、危機的状況だと言われる。地球温暖化と気候変動と相次ぐ自然災害、世界的規模のウイルス感染症の猛威、環境保護運動から提起されている「生物の種の多様性」や「生態系の安定」の問題。これらは、「自然の完成」の意味の問い直しを迫っている。

人間の内なる自然が第四点。

そして、外なる自然と、内なる自然に向き合って、自ら自身のあり方を問い、自己と社会を変革するのが第五の点である。ここでは社会の真理が個人であることが、最大限に尊重されなければならないと考える。個人が個人としての可能性を最大限発揮できる社会であり、それを実現できる個人が問われる。それが社会の中の自然の完成ではないか。

以上、五点を挙げたが、これらはいずれも大きな問題であるし、唯物史観についてでは他にも論じなければならない論点がある。しかし、本書ではここまでとし、次の刊行予定の本の中で詳細を論じたい。

(4) 人間は自然の自己意識として自然を完成する使命を持つ

人間と自然の関係について、私見をまとめる。(なお、以下の「自然」の意味だが、先に示した三つの側面のすべてとして読んでいただきたい。)

人間が自然の真理だという意味は、人間自体が自然の完成、自然の発展の終わりという意味ではない。人間が自然の目的やゴールなのではない。

人間は、発展における、終わりが始まりに戻るという意味での終わりではない。始まりに戻らないし、人間から始まることはない。人間が人間以外のすべてを止揚し、すべてを自らから

導出できるわけではない。（第Ⅱ部第2章(2)参照）

つまり、人間の真理性とは相対的なものであり、絶対的な真理ではない。それは自然の真理の実現のための媒介なのである。その意味での真理性なのである。

人間は現時点での自然の発展の最終地点だが、人間もまだ発展の途上であり、途中の地点でしかない。ただし、「途中」「途上」と言うのは、将来に人間を超える種が生まれると予測するからではなく、人間が生まれるまでが自然の発展の中間地点、折り返し地点だととらえるからである。

発展とは変化が本質に戻るような円環運動、外化が内化である運動である。しかし、人間が生まれるまでは、外化の運動しかなかった。その外化には本質に帰るという内化の意味があったとしても、その内化の意味、自然の本質を実際に理解できる存在はいなかった。人間が生まれたことで初めて、内化の認識を現実に行うことができるようになったのである。

人間が生まれたことで、それまでの発展の運動の一方性が、反転することを可能にし、外化と内化の一体の運動を現実に行うことが可能になったのである。これが人間の真理性である。

したがって、現時点の人間の真理性とは、半分の真理性でしかない。

人間とは、自然全体の自己意識であり自我であり、自然が自己反省する機能としての役割を担っている。自然が、人間を媒介にして、自らの本質、概念を理解し、それを実現するためである。

人間の誕生で、自然史の一つの段階は終わった。自然史の次のステップとは、人間による自然史の完成をめざす段階である。これが人類史であり、自然の完成は、人類史の完成であり、人類史の完成が自然の完成である。人間は、そのために自然から生まれた。

これまでは、そうした自然の完成や人間や社会の完成を唱えるヘーゲルやマルクスですら、人間の「自然支配」、「自然のコントロール」といった言葉を使ってきた。私はそれらに強い違和感を持つ。

人間自身は自然の主人ではない。自然が主人であり、人間はその下僕でしかない。ただし、自然が完成するうえで、最も重要な役割を担っている特別な存在である。自然の真の姿を認識できるのは人間だけである。それを実現できるのも人間だけである。

しかしそれは「人間が自然を支配する」のではない。そこに主従の上下の関係があるのではない。

この間違いは、発展の止揚と被止揚の関係、その順番や序列の関係を、相互外在性として、外的に上下関係として機械的にとらえたことから生まれている。その根本原因は、その思考が悟性レベルにあることにある。

本当は、人間は自然全体の一つの契機でしかない。総体と契機としてとらえなければならない。しかし、自然の契機の中では最も重要な契機なのである。

私たちは私たちに与えられた使命の大きさへの誇りと、それに対する私たちの限界の自覚とそれゆえの謙虚さを持ち、自らの責任をはたさなければならない。それが人間として生まれた責任をはたすことである。

二〇二〇年三月一九日

あとがき

本書は私にとって初めての、哲学者としての本である。

三〇歳の時、在野の哲学者・牧野紀之の下でヘーゲル哲学を学び始め、それから三〇年以上が過ぎた。あまりに遅いデビューである。

ヘーゲルは巨大であり、牧野紀之は大きな存在だった。最初は牧野のヘーゲル理解を媒介として、ヘーゲルを読んでいた。次第に、自分で直接にヘーゲルと対峙するようになった。現実の諸問題をそこで考え続けた。ヘーゲル哲学が、この世界の現実とともに、私の中で動き始めるようになった。そうなるまでに、長い時間がかかった。

二〇代の私は、一九七〇年代の反文化（カウンター・カルチャー）の立場での活動をしていた。身体性（体と心を開く）、反原発などのエコロジー運動、共同体運動などに関わっていた。

しかし、それらに失敗し、その失敗を克服するべくいくつかの模索をしたが、それにも失敗し行き詰まった。その時、牧野紀之を思い出していた。

大学を卒業してから二年ほどサラリーマン生活をした。その時期、私は某氏の主催する哲学塾に通っていた。そこで社会主義関係の本を読む中で牧野紀之の考えを知った。その時の衝撃は今も体の中に刻まれている。それまで私が知っていたどのレベルよりも、圧倒的に上の人がここにいる、そう思った。しかし、その内容が、当時の私とは結び付かなかった。その内容が私自身とどう関係するかがわからなかった。

その時点では、私はサラリーマン生活をやめ、エコロジー運動を本腰を入れて再開する準備をしていて、それに燃えていたからだ。

ただし、それに失敗した時、私は牧野を思い出していた。もしかしたら、今の私の挫折は、牧野が述べていたことと関係があるのではないか。初めてそう思えたのだ。

当時、牧野も私塾を主宰し、そこでヘーゲル哲学を教え、自前の出版社からヘーゲルの翻訳や自分の哲学書を多数出版していた。私は牧野に連絡し、三、四冊を購入した。

読んだ。私の考え方の浅さ、低さが、きちんと示されていた。ここに、私の可能性がある。ここにだけ、その可能性がある。そう思った。「終わった」と私は思った。私の「反文化」の時代はここで終わった。ここから次の段階を始めなければならない。

そして、牧野紀之の下での修行が始まった。ほぼ一〇年間、牧野の下で学んだ。自分が壊され、作り直してはまた壊される、といった苦しい時期の後、自分が一回り大きくなったと感じた。ヘーゲルが少し読めるようになったと感じた。

牧野は一九六〇年の安保世代である。その政治闘争に敗れた後、都立大学の寺沢恒信のもとでヘーゲル哲学の研究に没頭した。その研究仲間が許万元である。二人はまさに切磋琢磨し、日本のヘーゲル研究のレベルを大きく高めたと思う。

牧野は七〇年代に入ると「生活のなかの哲学」を標榜し、「講壇哲学者」である許とはたもとを分かつが、私にとって、この二人は、暗闇の中で進むべき方向を指し示す明かりの役割をしてくれた。

私は三〇代（一九八〇年代）には高校生対象の国語専門塾を設立し、そこで指導をするようになる。四〇代（九〇年代）には、教育のルポや教育評論を執筆するようになる。九〇年代には教育改革の嵐が吹き荒れていた。今もその延長にある。

高校や大学の改革の嵐の中で、教育についてずっと考えてきた。国語教育についても、読解や表現指導の研究会を組織し、その成果を出してきた。

しかし、その後ろでは、常に、ヘーゲル哲学の学習、研究があった。二一世紀に入ってから塾の卒塾生を中心として、大学生、社会人対象の哲学の学習会を始めた。中井ゼミの始まりである。そこでは、牧野紀之の打ち出した原則にしたがって、師弟契約を結んだ数人と、徹底的な研鑽をしあうことになった。

ヘーゲル哲学を読んだ。マルクス、エンゲルスを読んだ。もちろん牧野紀之と許万元の著作を読んだ。それは基礎であり大前提となっている。また、メンバー各自の活動報告と意見交換を「現実と闘う時間」（牧野のネーミング）として実行している。私は「生活のなかの哲学」である牧野哲学を継承し、ヘーゲル哲学をさらに発展させたいと思ってきた。

二〇〇五年から、中井ゼミでの成果をメルマガで発表し始めた。ヘーゲル哲学について、牧野や許万元について、マルクス、エンゲルスについて、私見を発表し、それを積み重ねてきた。そろそろ、哲学者としての出版を開始するべきだと思うようになった。特に、この三年ほどはずっと、「今年こそ出版する」と宣言してきた。これでは「出す出す詐欺」である。それが詐欺に終わらずにすんでほっとしている。

本書の刊行を引き受けていただいた、社会評論社の松田健二社長のおかげである。

私にとって本書は、これからの仕事の総論として、基礎部分としてどうしても必要なものであった。これからは、本書を基礎編として、それを政治、経済、文化の様々な分野の具体的な諸問題に展開したいと思っている。

本書は、私がこれから哲学者として発言していくにあたっての「始まり」となる。この土台の上に、自分の考えを展開していき、「終わり」に再度ここに戻り、この始まりを全面的に書き直したい。

本書の執筆では、自分の全力を傾けた。正直なところ、今の私の力以上の仕事をした。しかし、始まりは終わりであり、終わりが始まりに帰るのであるならば、始まりで妥協することはどうしても許されなかった。

私はほぼ一〇年間、牧野の下で徹底的に学んだ。牧野紀之の哲学、思想は、私の前提なのである。それは私の体にしみこんでいる。したがって、意識している部分はもちろんだが、無意識に牧野の考え方を自分のものにしていることもたくさんあると思う。

本書を書くにあたっては、大切な論点に関しては、その出自を明らかにするようにした。それが牧野紀之の考えである場合はそれを明記したつもりである。

本当は、どこからどこまでが牧野の考えで、どこからが私の考えか、その違いは何で、その違いは何を意味しているか、そうしたことをも明らかにするべきだと思うが、本書ではそれはできない。本書の後に刊行していく予定の本の中で、そうしたことを明らかにしていきたい。

さて、最後だ。

本書の背後には、私のこれまでの人生がある。これまで多くの人々との出会いがあり、そこで学んだことが私の今を作っている。「反文化」の運動の中で関わった方々。かつて、牧野紀之のもとでともに学んだ仲間たち。その一つ一つの思い出が、私の大切な契機である。ありがとう。

そして今、私にとっては何よりも中井ゼミが重要である。本書が可能になったのは、中井ゼミでともに学んできた仲間がいるからだ。彼ら一人一人が私を支えてくれた。今時、ヘーゲル哲学をひたすら読み続けて一五年。互いの生き方を批判し続けて一五年。そんなところが他にあるだろうか。なお、ゼミの仲間であり私塾の同僚の松永奏吾は、原稿の校正や内容の検討に協力してくれた。

もちろん、すべては牧野紀之とヘーゲルのおかげだ。生きること、真剣に本気で生きることを教えてくれ、それに向けて常に叱咤激励してくれたのは、ヘーゲルであり、牧野紀之である。

そして最後の最後。いつも裏方に徹して私を支えてくれた、妻敏子。ありがとう。

現実の諸問題を哲学する場として中井ゼミを用意しています。大学生や社会人が学んでいて、現在は老若男女一〇人ほどが研鑽にいそしんでいます。

中井ゼミのスケジュールや成果に関心のある方は、以下からメルマガを購読してください。

【連絡先】
〒113-0034
東京都文京区湯島1-3-6　Uビル7F　鶏鳴学園　中井ゼミ事務局
TEL　03-3818-7405
FAX　03-3818-7958
事務局メールアドレス　keimei@zg8.so-net.ne.jp
ホームページ　http://www.keimei-kokugo.net/

＊メルマガ購読
https://www.mag2.com/m/0000150863.html?l=rlw0466c56

◎著者紹介

中井浩一（なかいこういち）

1954年東京生まれ。

京都大学卒業後、現在国語専門塾鶏鳴学園塾長。

国語教育、作文教育の研究を独自に続ける傍ら、90年代から進められている教育改革についての批評活動をした。


教育改革については、『高校卒海外一直線』（2002年 中公新書ラクレ）、『徹底検証・大学法人化』（2004年 中公新書ラクレ）、『大学入試の戦後史』（2007年 中公新書ラクレ）、『被災大学は何をしてきたか』（2014年 中公新書ラクレ）。編著に『論争・学力崩壊』（2001年 中公新書ラクレ）、共著に『研究不正と国立大学法人化の影』（2012年 社会評論社）などがある。

国語教育では、『脱マニュアル小論文』（2006年 大修館書店）、『「聞き書き」の力－表現指導の理論と実践』（2016年 大修館書店）、『日本語論理トレーニング』（2009年 講談社現代新書）がある。

こうした活動の根底にあるのがヘーゲル哲学の研究である。30歳代の10年間を牧野紀之氏のもとでヘーゲル哲学研究に没頭し、その発展の立場を獲得することをテーマとしてその後も研鑽してきた。本書はその成果の発表第一弾である。

ヘーゲル哲学の読み方
発展の立場から、自然と人間と労働を考える

2020年4月25日　初版第1刷発行

著　者：　中井浩一
装　幀：　中野多恵子
発行人：　松田健二
発行所：　株式会社 社会評論社
東京都文京区本郷2-3-10
電話：03-3814-3861　Fax：03-3818-2808
http://www.shahyo.com
組　版：　Luna エディット .LLC
印刷・製本：倉敷印刷 株式会社